말하기 독서법

마음과 생각을 함께 키우는 독서 교육

말하기

김소영 지음

독서법

다산
에듀

진짜 독서가 필요한 아이들

"아이가 읽기는 좋아하는데 쓰기는 너무 싫어해요."

"재미있게 읽었다는데, 뭐가 재미있었냐고 물으면 '그냥 다'라고만 해요."

"책을 너무 빨리 봐요. 제대로 읽은 걸까요?"

상담이나 강연에서 만나는 부모님에게 자주 듣는 고민입니다. 아이가 책을 읽는 만큼 글도 잘 쓰고 말도 잘했으면 좋겠는데 그렇지 않다는 것이 주된 걱정입니다. 달리 확인할 길이 없으니 책을 제대로 읽었는지조차 알 수 없죠. 초조한 마음에 글쓰기를, 특히 독서기록장 쓰기를 채근하는 부모님도 있습니다. 그런데 억지로 하는 글쓰기, 잘될 수 있을까요? 아이가 겨우 썼다 해도 내용이 부실하니 부모님의 걱정은 계속됩니다. '자세히 써봐', '더 자세히 말해봐' 하고 요구받는 아이에게 독서는 곧 '일'이 됩니다. 책을 좋아하던 아이들이 이 과정에서 마음에 상처를 입고 책과 멀어지는 사태가 일어나죠.

이런 상황에 놓인 부모님을 만나면 책을 읽고 단지 좋은 대화를 나누는 것만으로도 충분한 가치가 있다고 조언해드리곤 합니다. 책을 읽은 아이가 가장 즐겁게 할 수 있고 실제로 아이에게 도움되는 것은 '말하기'라고 말이죠. 그러면 난색을 표하는 분도 있습니다. 어쨌든 기록을 남겨야 '자기 것'이 되지 않겠느냐는 겁니다. 맞는 말입니다. 그러나 알맹이 없는 글을 남기는 것보다 자기 힘으로 생각하고 그것을 정리하는 시간이 더 소중하지 않을까요? 독서의 진짜 의미가 바로 여기에 있습니다.

책을 읽고 아이와 '말하기'를 하면 좋은 점이 많습니다.

먼저 대화의 질이 달라집니다. 일상의 대화에 친밀함이 있다면, 책을 읽고 말하는 것에는 지적인 즐거움이 있습니다. 아이와 '책을 읽은 느낌, 생각'을 나누면 평소에 알지 못했던 서로의 관점이나 고민도 알게 됩니다. 여기에 좋은 질문이 더해지면 더 깊은 생각을 끌어낼 수 있고요. 아이가 얼마만큼 성장했는지 확인하는 계기도 됩니다.

거꾸로 '말하기'가 아이의 독서에 영향을 주기도 합니다. 말하기를 통해 책을 잘 읽었는지 확인할 수 있고, 오해가 있다면 바로잡을 수도 있습니다. 나아가 읽고 말하는 것이 몸에 익으면 책을 생각하면서 읽게 됩니다. 중요한 내용을 짚고, 작가의 의도를 파악하고, 자기 관점을 정비하면서 책을 읽을 수 있게 된다는 말이죠. 이는 어린이 독자가 반드시 배워야 하는 태도이기도 합니다.

그리고 말하기는 결국 글쓰기와 연결됩니다. 말을 해보고 글을 쓰면 생각에 탄력이 붙습니다. 글을 쓰기 위해서는 먼저 생각을 해야 하는데, 말하기가 생각을 정리해주기 때문입니다. 무턱대고 쓴 성의 없는 말, 낙서 같은 그림으로 채운 독서기록장 한 장보다 아이의 진짜 생각이 정리된 한두 문장이 더 '자기 것'에 가깝습니다. 아이가 글쓰기를 어려워한다면 말하기부터 시작해야 합니다.

 '말하기'는 앞으로 아이가 살아가는 데 매우 중요한 기술입니다. 우리는 말하기를 통해 그 사람의 표현 능력과 소통 능력, 지적 수준, 인성을 엿볼 수 있습니다. 아이가 말하기를 제대로 익혀야 하는 이유죠. 단, 말하기를 좋아하고 많이 하는 것, 기발하거나 어른스러운 표현을 잘 쓰는 것은 '말을 잘하는 것'과 다르다는 것을 기억해주세요. 그보다는 자기 생각과 감정을 적절한 말로 표현할 수 있는 것, 내용이 있는 말을 하는 것이 아이가 배워야 할 자질과 태도입니다. 책 읽기가 바로 그것을 도와줍니다.
 책에서 소개하는 '책 읽고 말하기'에는 당연하게도 책을 잘 읽는 것이 포함됩니다. 말하기는 독후활동에 국한되지 않습니다. 책을 읽기 전, 책을 읽으면서도 할 수 있지요. 그동안 제가 독서교실 수업에서 경험한 내용을 바탕으로 그림책, 동시, 동화책, 지식책 등 책의 갈래에 따라 어떤 말하기를 하면 좋을지 자세히 소개했습니다. 어휘력과 문장력 키우기에는 따로 훈련이 필요하기 때문에 한 장을 추가해두었습니다. 말하기는 소통을 전제로 한 것이므로 개인 차이를 중요하게 여겨야 합니다. 아이의 기질에 따라 안내하는 방법이 달라야 한다고 생각해 역시 따로 정리했습니다.

　책에 등장하는 아이들과 부모님들께 감사드립니다. 꼭 실명을 밝혀 달라고 한 아이도 있었고, 책에 나오고는 싶은데 이름은 바꿔 달라고 한 아이도 있었습니다. 제가 지어본 가명이 마음에 들지 모르겠네요. 상담이나 강연 자리에서 마음을 열고 만나주신 모든 분들에게도 감사드립니다. 여러분이 털어놓으셨던 걱정과 의문에 이 책이 하나의 답이 되었으면 좋겠습니다.

2019년 9월
김소영

차례

PART 1
'말하기'가 독후감 쓰기보다
먼저인 이유

PART 2
책 읽기가 즐거워지는
갈래별 말하기 독서법

1장 창의성을 키우는 그림책 말하기

2장 언어의 힘을 배우는 동시 말하기

PART 4
우리 아이 유형별
독서 지도법

PART 1

'말하기'가 독후감 쓰기보다 먼저인 이유

"독후감 때문에 책 읽기가 싫어졌어요."

1 책과 아이가 친해져요

독후감 대신 말하기

초등학교 3학년 서진이는 학교 가기를 좋아하는, 친구들에게 인기가 많은 아이입니다. '우리 반을 제일 재미있는 반으로 만들 겠다'는 공약으로 많은 표를 얻어 학급회장이 되기도 했죠. 그런 서진이의 골칫거리는 독서기록장 채우기 숙제입니다. 엄마는 독서기록장으로 끙끙대는 서진이를 돕기 위해 어떤 부분이 재미있었는지, 느낌이 어땠는지 물어보곤 하는데 그럴 때마다 아이가 펄쩍 뛰며 화를 낸다고 합니다.

"자꾸 물어보면 나 이제부터 책 안 읽을 거야!"

정도의 차이는 있겠지만 많은 아이들이 '독서'가 아닌 '독서기록장' 때문에 힘들어 합니다. 아이의 책 읽기를 돕고자 만든 독서기록장이 오히려 스트레스를 더하는 셈이죠. 독서기록장의 형식이 다양할 수도 있겠지만 정작 '쓰기'를 힘들어하는 아이에게 형식은 큰 의미가 없습니다. 오히려 "써야 되는 게 매번 바뀌어서 힘들어요"라고 호소하는 아이도 있습니다.

그렇다고 독서기록장 자체가 나쁘다는 것은 아닙니다. 아이의 독서 상황을 살피고 읽은 책에 대한 감상을 정리하는 다양한 길을 제시한다는 점에서 독서기록장은 중요한 교육 도구입니다. 아이가 책을 읽도록 유도한다는 점도 독서기록장의 큰 역할이고요.

그래서 어떤 부모님은 "독서기록장이라도 있으니까 아이가 책을 읽는다"라고 하는 거겠죠. 그런데 이것을 아이 입장에서 생각해보면 '독서기록장 때문에 책을 읽는다'가 됩니다. 어딘가 이상하지 않은가요? 독서의 목적이 독서기록장 쓰기가 되어버렸으니 말입니다.

아이들은 유독 독서기록장이나 독후감 쓰기를 어려워합니다. 글쓰기라는 건 많은 생각과 집중력, 물리적인 노력을 필요로 하기 때문이죠. 부모님께서 직접 해보면 더 쉽게 이해되실 겁니다. 최근 읽은 책 중에서 한 권을 골라 연필로 독후감을 적어보세요. 짐작으로만 하지 말고 실제로 해보셔야 합니다. 다 쓴 독후감을 '윗사람'에게 검사받아야 한다는 사실도 잊으면 안 됩니다. 어른보다 글쓰기 경험이 적은 아이들이 마주하는 상황이 바로 그런 것입니다.

그런데 아이들과 책에 대해 '말하기'를 하면 상황이 달라집니다. 서진이를 만나 수업을 시작하면서 그림책『1999년 6월 29일』(데이비드 위즈너 글과 그림, 미래아이)을 읽고 별점 평가를 했습니다. 별 다섯 개가 만점인데 서진이는 이 책에 별 네 개를 주었죠.

"별 네 개면 꽤 좋은 점수네! 네 개나 받은 이유는 뭐고, 하나를 놓친 이유는 뭘까?"

"저는 상상력이 있는 책을 좋아하거든요. 이 책은 그런 엄청 큰 채소들이 나오니까 상상력이 좋고요. 또 다음에 어떻게 될까 계속 상상하게 하는 점도 좋았어요. 그래서 별을 네 개 받았어요. 그런데 마지막 장면 다음에 무슨 이야기가 더 있을 것 같은데 금방 끝나서 그게 아쉬워요."

그다음 주에 읽고 온『이웃집 공룡 볼리바르』(숀 루빈 글과 그림,

스콜라)에는 별을 다섯 개나 주었네요.

"실제로는 공룡이 멸종했는데 책에서는 아직 살아 있다고 한 상상력이 좋고요. 뉴욕 사람들이 너무 바빠서 공룡을 못 보는 것도 재미있어요. 이 공룡이 엄청 큰 샌드위치를 먹는 장면도 재미있었어요. 글자는 별로 없지만 책이 두꺼워서 다 읽었는데도 아쉽지 않았어요."

그러더니 서진이는 자기의 상상력을 제게 보여주고 싶다고 말합니다. 스스로 독서 공책을 마련하더니 제가 책을 읽어주면 듣고 상상해서 그림을 그려보겠다고 하는 겁니다. 서진이는 제가 읽어주는 내용을 집중해서 듣고 잘 기억한 뒤 한 장면 한 장면 공책을 채워나갔습니다. 서진이의 주도로 독서 후 활동을 만들어간 거죠. 제 제안으로 이 공책에 읽은 책의 제목과 별점을 정리하는 부분을 넣기로 했습니다. 이로써 서진이만의 독서기록장이 만들어진 셈입니다.

제가 초보 선생이었다면 아마 서진이가 별점의 기준을 말했을 때 "이렇게 말을 잘하는데 왜 안 썼어?" 하고 바로 글쓰기를 시켰을지도 모릅니다. 실제로 독서교실을 시작한 지 얼마 되지 않았을 때 많이 했던 실수거든요. 아이가 잘 말한 것이 아깝기도 하고, 글쓰기가 생각보다 어렵지 않다는 것을 보여주겠다는 욕심에 서두른 것이죠. 물론 결과가 만족스러운 적은 별로 없었습니다.

읽은 책을 말하는 즐거움

독서교실에서는 수업에서 이야기 나눌 책을 미리 읽어 오게 합니다. 그 밖에도 독서교실 서가에서 함께 책을 고르거나 아이의 관심과 필요에 따라 제가 권하기도 해서 아이는 보통 일주일에 두세 권의 책을 읽게 됩니다. 그렇게 읽은 책이 무척 마음에 들었거나, 읽던 중에 궁금한 점이 생겼거나, 보탤 말이 있거나 하면 독서교실 문을 열자마자 이야기가 시작됩니다.

"이 책 생각보다 재미있었어요. 앞부분만 보려다가 끝까지 다 읽었어요."

"책에 나오는 노래 있잖아요. 가사만 있어서 제가 작곡을 해봤어요."

"그런데 거기서 주인공이 한 말이 이해가 안 돼요."

"둘 중에 이게 더 재미있었어요. 이거 2권도 있으면 읽을래요."

대개는 선 채로 가방을 미처 풀지도 않은 채 쏟아놓는 말들이라 두서없지만 이런 말에는 생기가 있고 솔직한 감정이 담겨 있습니다. 좋아하는 책에 대해 아이는 몇 분이고 말할 수 있습니다. 책장을 넘기면서 마음에 들었던 장면을 찾아 적극적으로 설명하고, 그러다 문득 다시 읽어보느라 일순 조용해지기도 하고요. 혼자 보고 있기 아까울 만큼 빛나는 장면입니다.

이런 순간에 '자, 이제 느낀 점을 적어볼까?' 하면 어떻게 될까요? 즐거웠던 분위기는 순식간에 식어버리고, 말보다 훨씬 단순한 글만 남습니다.

글쓰기에 대한 어른의 욕심은 잠시 내려놓고, 아이가 '말'로 독후감 쓰기를 대신할 수 있게 도와주세요. 책에 대한 감상을 한결 풍요롭게 즐길 수 있습니다. 좋아하는 영화에 대해 친구와 이야기하고 나면 그 영화가 더 좋아지는 것과 비슷하지요. 서로 다른 장면을 명장면으로 꼽을 수도 있고, 놓친 부분도 확인하게 됩니다.

하나의 지적인 활동을 마무리하는 보람도 있습니다. 책을 제대로 읽었는지 점검해볼 수도 있지요. 말하기를 통해 아이는 자기 방식으로 책에 대한 감상을 정리하는 법을 깨치고, 즐거움과 보람을 느낌으로써 다음 독서로 나아갈 수 있습니다.

'기록'이 꼭 필요하다면 거창한 형식보다는 별점 평가 같은 간

단한 방식으로 남겨주세요. 저는 아이들에게 종종 제 독서 공책을 보여주곤 합니다. 일련번호와 날짜, 책 제목, 두세 문장의 소감을 적어둔 간단한 형식이죠. 그리 반듯하지 않은 글씨로 적힌 메모 수준의 기록이지만 부담이 적기 때문에 몇 년째 써가고 있습니다. 이것을 본 아이들은 자기만의 별점 공책이나 한 줄 기록장을 만들기도 합니다.

물론 글쓰기도 아이가 언젠가는 반드시 거쳐야 할 관문입니다. 독서와 글쓰기가 뗄 수 없는 관계인 것도 사실이고요. 그렇지만 독서의 목적이 글쓰기라고 할 수는 없습니다. 독서 교육의 목적은 책을 좋아하는 마음을 기르고, 목적에 맞게 읽고 평가하는 능력을 익힘으로써 평생 독자로 살아갈 기반을 마련하는 것입니다. 읽기를 중심으로 말하기와 글쓰기가 힘을 더해 책 읽는 능력을 탄탄하게 키워가게끔 돕는 것이 바람직합니다.

현재 아이들의 독서 환경은 무리한 독후활동, 특히 독서기록장 같은 글쓰기 활동에만 치우쳐 있습니다. 그 결과 책을 멀리하는 아이들이 많아졌고요. '독후감 대신 말하기'로 책과 친분을 쌓도록 도와주세요.

'책 한 권을 다 읽고도 아이와 무슨 말을 나누어야 좋을지 모르겠다'는 분들을 위해 지금부터 저의 수업 사례를 나누려고 합니다. 형식적인 독후활동 대신, 한 편의 독립된 글로서 '독서감상문'을 쓰는 방법도 소개하겠습니다.

그 전에 '말하기'가 아이의 독서력을 어떻게 키우는지에 대해 좀 더 얘기해보겠습니다.

"읽긴 읽었는데, 기억이 안 나요."

2 책 읽는 힘을 길러줘요

어린이 독서의 현주소

아이가 책 읽기를 배우는 목적 중 하나는 '더 잘 읽기 위해서' 입니다. 더 높은 수준의 독자가 되려는 거죠. 이는 책을 '많이' 읽는다거나 '내용이 어려운' 책을 읽는다는 뜻이 아닙니다. 책을 고르는 안목이 있고 내용을 잘 이해하며, 그에 대한 자신의 생각을 정리할 수 있는 것 모두 '수준'에 포함됩니다. 읽어온 책의 질이나 앞으로의 독서 계획도 중요하죠. 그러면 어떻게 해야 아이들의 독서 수준이 높아질까요?

먼저 현재의 상태를 정확히 파악해야 합니다. 이에 적합한 레벨 테스트는 없으나 설령 있다 해도 권하고 싶지 않습니다. 독서는 그런 식으로 계량화하기 어려운 데다가 말하기로도 얼마든지 아이의 상태를 파악할 수 있기 때문이죠.

말하기 독서는 아이의 독서가 어디쯤 와 있는지 가늠하게 합니다. 아이가 책을 대하는 태도부터 읽은 내용을 얼마나 이해했고, 무엇을 느꼈고, 어떻게 생각했는지가 말하기를 통해 드러납니다. 글쓰기보다 직접적이고 명확하게 말이죠. 글쓰기에 비해 아이의 부담이 적은 것은 말할 것도 없습니다. 또 질문을 바꾸거나 화제를 확장함으로써 아이의 독서를 다각도로 확인할 수도 있고요.

조금 과감하게 말하자면, 말하기가 잘 되지 않는 책은 그 아이의 수준과 맞지 않는 책입니다. 책이 너무 쉬우면 말하기 주제가 싱거워지고, 너무 어려우면 주제를 찾기 어렵기 때문이죠.

상담에서 만난 한 아이는 초등학교 2학년 때 이미 수백 권의 책을 읽었다고 자랑스럽게 말했습니다. 읽은 책 제목을 접착 메모지에 써서 거실 벽에 붙였는데, 그때마다 칭찬과 선물을 받았고 그 재미에 책을 많이 읽었던 거죠. 문제는 이 아이가 읽어온 책의 수준에 있습니다. '수백 권이나 읽은' 2학년 아이 수준에는 맞지 않는, 너무 쉬운 유아용 그림책이 대부분이었던 것입니다.

좋아하는 책을 소개해 달라고 하니 역시 그림책 중 하나를 고르더군요. 그 책이 좋은 이유를 묻자 문제가 더 명확해집니다.

"원래 좋아해서요."

"엄마가 그러는데 다섯 살 때 제가 이것만 읽었대요. 그래서 좋아해요."

"그냥 재미있어요."

이 이상으로 설명하지 못했습니다. 독서에 지적 · 정서적 자극이 없고, 독서 자체보다 보상을 중시하는 현주소가 드러난 겁니다. 수백 권을 읽었다고 해서 이 아이가 책을 잘 읽는다고 할 수 있을까요?

읽은 책의 요점과 관련된 질문을 했을 때 "읽긴 읽었는데 기억이 안 나요"라고 말하는 아이들도 있습니다. 그런데 더 깊이 이야기를 나누어보면, 즉 말하기를 해보면 기억이 안 나는 것이 아니라 이해를 못 한 것일 때가 더 많습니다. 아이는 글자를 읽었으니 책을 '읽었다'고 여기고, 읽었으니 '알았다'고 생각하기 때문에 책의 내용에 대해 물었을 때 '모른다' 대신 '기억이 안 난다'고 말하는 겁니다.

이런 문제를 해결하지 않으면 아이의 독서는 텅 빈 것이 됩니다. 책 읽는 보람이나 재미를 느끼기 어려우니 책을 수천 권 읽는다 하더라도 제자리걸음만 하거나 오히려 책과 멀어지는 사태가 벌어집니다.

읽은 내용을 간추려 말할 수 있고, 자신의 감상과 그 근거를 말할 수 있는 책이 수준에 맞는 책입니다. 이렇게 독서 수준의 현주소가 파악되면 쉬운 책은 부담 없이 즐기면서, 어려운 책은 모험하듯이 읽도록 지도하면 됩니다.

잘 생각하면서 깊이 읽기

아이가 독서에 푹 빠져 있는 모습은 언제 보아도 기분이 좋습니다. 독서는 아무런 유도 장치나 보조 도구 없이 오로지 자기 힘으로 몰입해야 하는 일입니다. 그렇기에 아이가 책을 읽는 순간이 소중한 것이죠. 전문가들은 디지털 시대에 오로지 책만이 줄 수 있는 '깊이 읽기'가 인간다움을, 인류의 지능을 유지하는 도구가 될 것이라고 말하기도 합니다.

저는 아이가 자신의 상상력을 믿는 '용기', 새롭고 낯선 것을 이해하려는 '노력', 책이 내미는 지적인 도전장을 받아들이려는 '열린 태도'가 진정한 '깊이 읽기'를 가능하게 한다고 생각합니다. '깊이 읽기'는 단지 재미있는 책에 푹 빠지는 것보다 '잘 생각하면서 읽기'에 가까운 것이죠.

몰입의 순간은 그 자체로 소중하지만, 그것이 곧 '깊이 읽기'는 아닙니다. 책을 좋아한다고 해서 잘 읽는다고 할 수는 없습니다. 초보 독자인 아이는 책을 읽으면서 잘 생각하는 법을 배워야 합니다. 말하기 독서는 생각하는 방법을 알려주는 표지판이 됩니다.

"애가 한번 책을 잡으면 꼭 끝을 봐야만 돼요. 엄청 집중하거든요. 그래서 책을 정말 많이 읽었어요."

한 어머니가 아이 상담 전에 한 말입니다. 올해 3학년이 된 아이는 독서교실의 책들을 둘러보더니 "이 책도 읽었고, 이 책도 읽었고, 이 책도 읽었고……" 하며 읽은 책의 수를 세다시피 하더군요. 공통된 책을 읽었을 때만큼 대화가 잘 통할 때도 없습니다. 반가운 마음에 책과 관련된 이야기를 꺼내보았는데, 정작 아이는 별 관심이 없는 듯했습니다. 그러다 『밤의 초등학교에서』(오카다 준 글과 그림, 국민서관)를 꺼내 들고 "이 책도 읽었고" 하기에 제가 말했습니다.

"그거 선생님도 정말 좋아해. 그런데 그 책이 문제가 좀 있어. 읽을 때마다 너무 콘소메 수프가 먹고 싶어진다는 거야. 특히 밤에 말이지."

책에는 토끼가 초등학교 야간 경비원에게 수프를 끓여주는 장면이 나오는데, 실제로 저는 그 부분을 읽을 때마다 그 수프의 맛이 궁금해집니다. 그런데 제 이야기를 들은 아이의 눈이 동그래졌습니다.

"왜, 혹시 그 장면 생각 안 나?"
"아뇨, 그건 아닌데……"

책을 적극적으로 상상하거나 생각하면서 읽는 연습이 되지 않았던 아이에게 '책을 읽고 배가 고파진다'라는 감상이 낯설게 느껴진 겁니다. 제 말을 듣고 다시 책장을 천천히 넘기던 아이가 주인공이 한밤에 수영하는 장면을 가리켰습니다.

"이렇게 밤에 수영하면 시원할 것 같아요. 좀 무서울 수도 있고."

제가 말한 감상을 듣고, 비슷하게 말해보려고 한 거죠. 앉은자리에서 책을 읽어치우는 것과 이야기 속 상황을 상상하고 느껴 보는 것, 어느 쪽이 '깊이 읽기'인지 느낌이 오시나요?

말하기로 아이의 독서를 도와주세요. 책의 첫인상은 어떤지, 어디쯤 읽었고 읽은 데까지는 재미있었는지, 읽는 데 어려운 점은 없었는지, 주인공은 어떤 성격이고 무슨 일을 겪고 있는지 등을 말하게 해주세요. 조금 길거나 어려운 책도 힘을 내 읽을 수 있습니다. 바로 이때 책 읽는 힘이 길러집니다. 만일 부모님이 함께 읽으셨다면, 아이에게 솔직한 감상을 들려주세요. 말하기 독서는 부모님이나 선생님의 모범이 중요합니다. 말하기 독서를 통해 어른 역시 독자로서 함께 성장할 수 있습니다.

3 지적 성장을 도와줘요

생각을 정리하는 '말하기'

　5학년 한준이가 『마당을 나온 암탉』(황선미 글, 김환영 그림, 사계절)을 읽었을 때입니다. 가족 여행을 다녀오느라 책을 다 못 읽을 뻔했는데, 다행히 독서교실에 오기 전까지 읽을 수 있었다며 가슴을 쓸어내립니다. 책을 읽기 전에 애니메이션으로 이미 본 내용이라 이야기를 잘 알고 있다고 했으니 둘의 차이점에 대해 대화를 나누고 싶었습니다. 급한 마음에 저도 모르게 '따끈따끈한' 소감을 물었죠.

"선생님, 잠깐만요. 지금 막 읽었으니까 저 생각을 좀 해야 돼요."

한준이 말을 듣고 '아차' 싶었습니다. 맞습니다. 책은 음식과 달라서 읽자마자 바로 평할 수가 없지요. 책의 여운을 즐길 시간도 필요하고, 찬찬히 되짚어볼 시간도 필요합니다.

"애니메이션은 좀 슬프고 그런 느낌이 많았거든요. 그런데 책으로 읽으니까 '잎싹'이 자기 꿈을 가졌다는 게 더 기억에 남아요. 그게 원래 이룰 수 없는 꿈이잖아요. 그런데도 자기만의 꿈을 가진 게 멋있고 대단해요."

곰곰이 생각을 정리한 한준이의 평이었습니다. 책을 읽은 직후 바로 일목요연하게 생각을 정리하기란 어려운 일이죠. 어떤 장면의 의미나 새로운 지식의 의의 등을 생각해봐야 비로소 그 책에 대한 감상을 정리할 수 있습니다. 생각을 말로 표현해보면 비로소 자신이 어떤 생각을 하고 있는지 알게 됩니다. 한준이가 그랬던 것처럼 말하기 위해 생각을 정리하기도 하고요.

이 책에서 논하는 말하기의 가장 큰 목적은 아이가 자기 생각을 알게 하는 것입니다. 만일 생각이 불분명하다면 적절한 질문과 대화로 분명하게 만들어가는 것입니다. 때로는 말을 하면서 생각이 바뀔 수도 있습니다. 마음에 들지 않았던 인물에 대해 말하다가 그를 이해하게 되어 오히려 응원하게 되는 식으로 말이죠. 또 어떤 모험이 별로 의미가 없었다고 생각했는데, 그 이유를 설명하다가 작가의 의도를 파악하기도 합니다. 어떤 질문에 대해서는 별 생각이 없었는데 말하다보니 의견이 생기기도 합니다. 자기 생각을 발견하는 것이지요.

평소에도 그렇게 할 수 있지만 책을 가지고 하면 더 좋습니다. 책은 아이가 눈으로 볼 수 있고 만질 수 있고 존재를 확인할 수 있는 구체적인 '생각'이기 때문입니다.

독서 말하기의 지적 자극

책에는 다른 매체와 비교할 수 없는 장점이 많습니다. 책에 담긴 이야기는 우리의 상상력을 자극하고, 간접 경험을 통해 인간 관계를 비롯한 세상사를 알게 하며 교훈을 줍니다. 영상이나 게임에도 이야기가 있지만 책만큼 독자 스스로 생각해볼 수 있게 독려하는 매체는 없습니다. 또 좋은 지식책은 지식을 그저 나열하지 않고 독자가 이해할 수 있는 방식, 내용과 잘 맞는 방식으로 구성해서 보여줍니다. 인터넷 검색이나 다른 매체를 통해서는 이런 것들을 결코 배울 수 없지요. 한 권의 책을 만들기 위해서는 작가와 편집자, 해당 분야의 전문가들이 힘을 합쳐야 합니다. 한마디로 책은 지적인 매체입니다.

이 말은 독자도 책을 통해 지적인 활동을 하게 된다는 뜻입니다. 책 읽기는 분명히 개인적인 일이지만 외곬 작업은 아닙니다. 읽기는 독자가 책을 통해 작가의 생각을 만나고 자기 생각을 보탬으로써 완성됩니다. 간단한 문장이라도 읽고 그 뜻을 이해하는 과정은 독자의 지적 활동 없이 이루어지지 않습니다.

또 좋은 문학 작품의 멋진 표현이나 지식책의 알찬 정보는 말하기와 글쓰기의 훌륭한 교과서이자 재료가 됩니다. 그래서 '책을 많이 읽으면 자연스럽게 말도 잘하고 글도 잘 쓰게 된다'라고 생각하기 쉽습니다. 그렇지만 읽는 것만으로 그런 능력이 저절로 길러지지는 않지요.

읽은 것에 대해 잘 말할 수 있어야 글도 잘 쓸 수 있습니다. 아이는 특히 더 그렇죠. 생각하는 방법을 배워가는 과정에 놓인 아이에게 말하기는 일종의 연습 도구입니다. 말하기를 통해 아이는 자기 생각을 들을 수 있습니다. 즉, 자기가 무슨 생각을 하는지 알 수 있습니다. 생각을 말로 표현해보고 수정과 보완을 거쳐 나름대로 완결된 생각의 덩어리를 가지게 되는 것입니다.

물론 독서 말하기가 거저 이루어지지는 않습니다. 먼저 적절한 질문이 필요하지요. 내용을 어떻게 이해하고 있는지, 부분 또는 전체 글에서 어떤 느낌을 받았는지, 작가의 생각에 동의하는지, 책을 읽고 생각이 바뀐 부분이 있는지를 구체적으로 짜임새 있게 물어봐야 합니다.

이때 질문의 목적은 캐묻는 것이 아니라 생각을 정리하도록 유도하는 것입니다. 책의 갈래와 특징에 따라 걸맞은 대화 포인트를 찾는 것도 중요합니다. 그러자면 책을 잘 읽어야겠죠. 이 점 역시 뒤에서 자세히 다루기로 하겠습니다.

"저는 반대이기도 하고
찬성이기도 한데, 중간은 없어요?"

4 토론보다 자유롭고 재미있어요

독서 토론의 의미와 한계

책을 읽고 말한다고 하면 흔히 '독서 토론'을 떠올립니다. 토론이란 무엇일까요? 토론은 공동체의 문제를 민주적이고 효과적으로 해결하는 방식입니다. 찬성하거나 반대할 수 있는 논제를 두고 둘 중 하나의 입장을 정해 논리적인 이유와 근거를 제시하면서 상대방을 설득해야 합니다. 지식과 사고력, 순발력이 두루 있어야 하고, 상대의 말을 잘 듣는 집중력과 열린 마음도 필요합니다. 감정에 휩쓸리지 않고 이성적인 태도를 유지해야 하며, 결과도 그렇게 받아들여야 하죠.

'독서 토론'은 책에서 논제를 뽑아 진행하는 것입니다. 주로 등장인물의 말과 행동, 이야기의 결말 등이 논제가 됩니다. 독서 토론을 하면 아이가 책을 잘 읽었는지 확인해볼 수 있고, 참여자들이 기본적인 배경지식(책의 내용)을 공유한 상태에서 토론을 시작하기 때문에 주제에 집중할 수 있습니다. 결과적으로 토론의 질이 높아진다는 장점이 있지요. 사회 경험이 적은 어린이와 청소년이 책을 통해 다양한 주제를 마주할 수 있다는 점도 좋습니다. 교육적인 가치가 큰 활동으로, 학교 수업은 물론이고 동아리나 방과후학교 등에서도 활발하게 이루어지고 있습니다.

그런데 '토론'이라는 형식은 아이에게 부담으로 다가갈 때가 많습니다. 일단 '찬성이냐 반대냐'를 정하는 것부터 간단치 않죠. 양쪽 모두 그럴듯한 근거가 있다면 마음을 정하기는 더 어려워집니다. 아이들은 종종 "저는 반대이기도 하고 찬성이기도 해요", "이런 점에서는 찬성인데 저런 점에서는 반대예요", "중간은 없어요?"라며 난감해합니다. 또는 한쪽을 지지할 이유가 너무나 명확해 찬반을 나누는 일이 무의미할 때도 있습니다.

토론하는 방법을 익히는 수업이라면 어느 쪽이든 입장을 정하도록 독려하고, 나아가 자신과 반대되는 입장에서 토론하게끔 지도할 수는 있습니다. 그러나 책 이야기가 중심이라면 굳이 그럴 필요 없겠지요? 게다가 잘 만든 이야기라면 주인공의 행동이나 결말에 개연성이 있기 때문에 찬반 토론이 의미 없습니다.

논리적인 이유와 근거를 들어 상대의 주장을 반박하고, 냉정하게 승패를 받아들이는 것도 아이가 감당하기엔 버거운 일입니다. 상대에게 지지 않으려고 근거를 찾다 보면 억지 주장이 되기 쉽고 그러다 지면 당연히 감정이 상합니다. 그래서 독서 토론을 하면서도 아이에게 "승패는 중요하지 않다", "자기만의 답을 찾는 것이 중요하다"는 식으로 뭉뚱그려 설명하게 되는 것이지요.

그렇지만 토론은 애초에 승패가 중요한 게 사실입니다. 이기기 위해 논리를 다듬는 방법을 배워야 하는 것입니다. '승패가 중요하지 않다'면 혹은 '자기만의 답'이 더 중요하다면 굳이 토론을 하는 것이 맞을지 생각해봐야 할 것 같습니다.

말하기가 토론보다 좋은 이유

그런 의미에서 독서교실의 말하기는 토론과 구분하고 있습니다. 필요하고 적절한 주제라면 토론을 진행하지만, 일단 '말하기'가 더 중요한 부분입니다. 규칙과 훈련이 필요한 토론에 비해 말하기는 관심과 공감, 표현하고자 하는 의지를 바탕으로 하기에 재미있습니다.

심지어 서로 다른 책을 읽은 아이들끼리도 말하기를 할 수 있습니다. 다빈이와 동건이, 성찬이는 함께 『옹고집전』을 읽고 조선후기 서민 소설에 대해 공부한 뒤 각자 『전우치전』, 『박씨 부인전』, 『흥보전』을 읽었습니다. 다 같이 모여 각자 읽은 책을 소개하고 그 안에서 보았던 새로운 사회상에 대해 말하는 시간을 가져보았죠. 세 소설 모두 비슷한 시대를 배경으로 하지만 세 아이가 책을 읽고 기억하는 사회상은 조금씩 달랐고, 이를 재미있어하며 활발하게 대화를 나누었습니다.

재혁이와 우찬이는 각자 『로테와 루이제』(에리히 캐스트너 글, 발터 트리어 그림, 시공주니어)와 『내가 그 녀석이고 그 녀석이 나이고』(야마나카 히사시 글, 정지혜 그림, 사계절)를 읽고 서로에게 소개해주기로 했습니다. 『로테와 루이제』는 아기였을 때 부모가 이혼하는 바람에 서로의 존재를 모르고 살던 쌍둥이 자매의 이야기입니다. 캠프에서 우연히 만나 그 사실을 알게 된 둘은 집을 맞바꿔 돌아가서는 부모를 재혼시키는 데 성공합니다. 『내가 그 녀석이고 그 녀석이 나이고』는 특별한 힘으로 몸이 뒤바뀐 여자아이와 남자아이 이야기입니다. 사태를 해결할 때까지 집을 맞바꿔 살며 몸을 되찾으려 애쓰는 내용으로 두 책에는 공통점과 차이점이 있지요. 재혁이와 우찬이에게 각각 읽은 책을 '발단(이야기가 시작되는 계기)'까지만 소개하게 한 뒤 뒷부분이 궁금하다면 '맞바꿔' 읽어보자고 제안했습니다. 물론 둘은 맞바꿔 읽었고요.

책을 읽고 말할 거리는 아주 많습니다. 심지어 읽기 전에 제목과 표지만 보고도 "무슨 이야기일까?", "왜 이런 그림이 표지에 그려졌을까?"를 말할 수 있지요. 읽는 중간에 앞으로 펼쳐질 내용을 예측해보거나 궁금증을 키우는 대화도 나눌 수 있고요. 책과 관련된 책 밖의 이야기를 나눌 수도 있고, 동의할 수 없는 내용이 있다면 반론을 제기하며 토론을 시작할 수도 있습니다.

앞서 설명한 바 있지만 말하기를 통해 자기 생각을 알아간다는 것은 곧 관점을 세우는 일입니다. 책 읽기의 큰 소득이자 목표입니다. 관점을 가지면 독서의 질이 달라집니다. 더 자세히, 더 비판적으로, 더 열린 마음으로 읽을 수 있습니다. 책 읽기와 말하기가 서로를 돕는 셈이죠.

5 표현력이 좋아지고 말을 더 잘하게 도와줘요

말을 잘한다는 것

말하기는 자기표현과 의사소통에 정말 중요한 기술이죠. 말은 그 사람의 지적 수준이나 인성까지도 고스란히 드러냅니다. 따라서 아이에게는 말하기를 배우고 연습할 기회가 필요합니다. 그런데 보통 아이가 '말을 잘한다'고 할 때는 그 아이가 말하기를 좋아하거나, 말을 많이 하거나, 발표를 잘하거나, 독특한 표현을 쓰거나, 남을 잘 웃기는 경우를 포함할 때가 많습니다. 말을 잘하는 아이가 리더십이 있다며 요령 있게 말하는 방법을 가르치는 책과 강연도 있지요.

저는 말을 잘한다는 것의 기준을 상대가 이해할 수 있게 말하는 것에 두고 있습니다. 즉, 주제에 맞는 내용을 적절한 어휘와 호흡으로 표현하는 것, 요점이 드러나게 말하는 것을 뜻하죠. 그러자면 생각이 정리되어 있어야 하고, 정확한 언어를 사용해 말해야 합니다. 잘 듣는 태도 역시 말하기에 포함됩니다. 말수가 많고 적거나, 숫기가 있고 없거나와는 상관이 없는 문제입니다. 결코 쉬운 일은 아니지만 누구나 배울 수 있고, 배워야 합니다.

미래 사회가 어떤 모습으로 펼쳐질지 정확히 예측하는 사람은 없지만 인간에게 유연한 태도와 적응력이 필요하다는 것만은 분명합니다. 달리 말하면 상대가 누구든지 간에 의사소통을 잘할 수 있어야 한다는 겁니다. 자기를 표현하고 상대의 말을 듣고 생각을 발전시키거나 전환하는 기술은 미래에도 지금도 꼭 필요합니다.

그런데 오늘날의 아이들은 이전 세대와는 전혀 다른 세상에서 자라고 있습니다. 사람은 덜 만나고 기계는 일상적으로 다루죠. 이런 경향에 가치판단을 할 수는 없지만 확실히 디지털 환경은 아이의 인간적 접촉면을 줄이고 있습니다. 물론 게임 채팅방이나 인스턴트 메신저 등을 통해 온라인으로 소통을 하지만 여전한 건 인간성이 소외되고 있다는 것입니다.

독서 교육을 하는 입장에서 저는 특히 의사소통 방식이 지나치게 단순해지는 현상을 경계하고 있습니다. 줄임말이나 기호를 사용하는 것 자체보다 그런 식의 소통을 기본값으로 생각하는 것이 문제라고 생각합니다. 그렇게 되면 점차 문장으로 구성해 말하고 쓰기가 어려워집니다. 언어가 생각을 만듭니다. 우리 언어가 온통 초성과 기호뿐이라면 자갈과 모래로 집을 지을 수밖에 없겠죠. 정확하고 정교하게, 튼튼하게 생각하기가 어려워집니다.

아울러 아이들이 잘못된 맞춤법과 문법에 노출되는 문제도 짚고 싶습니다. 맞춤법과 문법은 정확한 소통을 위한 기본적인 약속입니다. 아이가 친구들과 주고받는 메시지는 둘째 치고, 인터넷 동영상의 자막이나 SNS에 쓰이는 글들에는 잘못된 표현이 많습니다. 그런 것으로 글을 마주한 아이는 틀린 맞춤법과 문법을 배우거나 그런 것을 중요하게 여기지 않기 쉽습니다. 약속이 지켜지지 않는데 소통이 잘 될 수는 없습니다.

언젠가는 인류가 생각하는 방식에도 변화가 생길지 모릅니다. 파편화된 언어로도 생각할 수 있다거나 생각이 의미 없어질 수도 있습니다. 그러나 아직은 아닙니다. 아이가 오늘을 살고 있다면 정확하게 생각하고 말하고 쓰는 것을 배워야만 합니다. 자기를 표현하고 남과 소통하기 위해서 말입니다.

책을 읽고 말하면 그 책에서 사용된 어휘와 개념 등을 활용할 수 있게 됩니다. 평소에 잘 쓰지 않던 말일지라도 맥락에 맞게 사용하는 연습을 할 수 있는 겁니다. 아이가 "이 그림책은 상상력이 특이해요"라고 말했다면 "그래, 참 기발한 생각이지" 하고 답해 새로운 표현을 익히게 할 수도 있고요. 말이 너무 길게 늘어진다면 책의 주요 내용을 중심으로 할 말을 간추리게 할 수도 있습니다. 반대로 단답형으로 말하는 아이라면 책을 바탕으로 자세히 말하는 연습을 할 수 있겠죠.

의사를 잘 표현하려면

책은 작가가 독자를 이해시키기 위해, 설득하기 위해 쓴 것입니다. 좋은 책은 좋은 말하기를 글로 옮겨 놓은 것 같다고 할 수 있지요. 책에서 보고 배운 것을 바탕으로 말하기를 함으로써 표현력을 기를 수 있습니다.

동시를 읽으면 압축적으로 쓰인 언어의 힘을 배울 수 있습니다. 시에서 느껴지는 다양한 감정과 분위기를 말하면서 표현력을 기를 수 있죠. 동화를 읽고 줄거리를 요약하면 핵심을 간추리는 능력이 길러집니다. 마음에 와닿는 문장을 찾고 그 이유를 설명하면서 좋은 표현을 배우는 한편, 자기 생각을 정리할 수 있습니다. 지식책을 읽으면 지식뿐 아니라 그것을 전달하는 방법도 배우게 됩니다. 지적인 언어를 구사하는 연습이 되지요.

흔히 표현을 잘하려면 어휘력이 풍부해야 한다고 하는데 저는 일부만 맞는 말이라고 생각합니다. 표현을 잘하기 위해서는 먼저 사고력이 필요합니다. 아이디어를 떠올리고 알맞게 다듬을 수 있어야 하니까요. 아는 낱말이 많다고 해서 말하기에 알맹이가 생기지 않습니다. 책에서 잘 쓰인 예를 많이 보고, 말해보고, 또 비슷하게 써보기를 반복해야 자기만의 내용과 형식을 가질 수 있습니다.

"저는 글쓰는 게 제일 싫어요."

6 글쓰기 자신감을 높여줘요

생각의 길을 넓혀주는 말하기

읽기와 쓰기의 밀접한 관계는 굳이 설명하지 않아도 아실 겁니다. 말하기 못지않게 글쓰기 역시 자기 생각을 확인하는 훌륭한, 어쩌면 가장 유용한 도구이지요. 그런데 생각하는 방법을 배워가는 아이들에게 글쓰기는 상당히 까다로운 도구입니다. 이 연장을 잘 다루도록 돕는 것이 바로 '말하기'가 되겠네요. 아이가 글을 쓰기 전에 '말'을 하게 해주세요. 그리고 말한 것을 쓰게 해주세요.

말하기는 글쓰기보다 자유롭고 부담이 적기 때문에 글의 소재를 찾을 때 특히 유용합니다. 만약 방학에 한 일을 주제로 글을 쓴다면 수영장 간 것을 쓸지, 영화 본 것을 쓸지 생각해볼 겁니다. 쓰기 전에 소재에 따라 어떤 글이 될 것 같은지 말해보게 해주세요. 말로 해보면 무엇이 더 적절한 글감인지 알 수 있습니다. 이때는 자기만의 생각이나 경험을 드러낼 수 있는 소재가 좋습니다.

책에 대한 글도 마찬가지입니다. 예를 들어 동화책을 읽고 독후감을 쓴다면 주인공을 중심에 둘지, 사건을 중심에 둘지 미리 말해보는 거죠. 그에 따라 줄거리를 적는 방식도 달라질 테니까요. 말하면서 관점을 미리 정비하면 글에 일관성이 생깁니다. 말로 글의 얼거리를 짜는 셈입니다.

글쓰기를 어려워하는 아이라면 말하면서 글을 쓰는 게 도움이 됩니다. 종이에 쓸 문장을 미리 말해보는 것이죠. 글쓰기를 염두에 두고 말하면 아이는 단어를 신중하게 고르고, 문장으로 만들어 앞뒤가 맞게 얘기하려고 노력할 것입니다. 책에 대해 잘못 이해한 부분이 있으면 다시 책을 보면서 확인하면 됩니다. 내용이 불분명한 것 같으면 말하기를 통해 요점을 정리할 수 있습니다.

아이 입장에서는 말하기를 통해 피드백을 받았기 때문에 자신감을 가지고 글을 쓰기 시작할 겁니다. 글의 뼈대를 알고 있기에 살을 붙이고 옷을 입혀서 말한 내용보다 멋진 글을 완성할 수 있습니다. 설령 말하기가 글쓰기로 연결되지 않더라도 안심하세요. 말하기 자체로도 충분히 의미가 있습니다. 일단 아이 머릿속에 생각의 회로를 확보했기 때문입니다.

7 부모와 아이가 더 가까워져요

말하기의 단서를 주는 책 읽기

아이들은 부모와 많은 시간을 보냅니다. 그에 비해 부모와 나누는 대화는 고만고만하죠. 생활과 관련된 것들이 대부분이니까요. 그마저도 각자 바쁘면 생략할 때도 많습니다. 많은 부모님들이 아이가 커갈수록 속마음을 나누기가 어렵다고 이야기합니다. 집집마다 사정은 다르지만, 아이의 공부가 바빠지는 4학년 무렵이 관계의 전환점이 되었다는 분들이 많습니다. 학교 공부만으로 벅차 대화의 단절이 깊어지는 거죠.

이때 또 하나의 문제가 생깁니다. 아이들이 책과 멀어지는 겁니다. 학원이며 과외로 바쁘니 쉬는 시간에는 아이가 원하는 방식으로 놀게 해주는데, 아이들은 대개 스마트폰으로 스트레스를 풉니다. 그러다 보면 책 읽는 시간은 줄어들고, 어느 순간 '어릴 때는 책을 곧잘 읽었는데 고학년 되니 손을 놓은' 아이가 되어버리죠. 이를 지켜보던 부모님은 아이가 틈틈이 책을 읽었으면 좋겠다고 제게 조언을 구하러 옵니다.

그런데 틈틈이 책을 읽을 수 있는 시대는 지났습니다. 책을 틈틈이 본다는 것은 책이 너무 재미있어서 어떻게든 시간을 내어 읽는다는 것인데, 요즘은 책보다 재미있는 것이 너무나 많거든요. 특히 스마트폰은 책보다 재미있습니다. 어른들에게도 마찬가지 아닌가요?

책은 틈틈이 읽는 것보다 시간을 내어 집중해서 읽는 것이 좋습니다. 이 말은 아이가 책 읽기를 바란다면 책 읽을 시간을 '따로' 마련해주어야 한다는 뜻입니다. 책은 되도록 앉은자리에서 한번에 읽는 것이 좋습니다. 영화를 볼 때나 좋은 강연을 들을 때 20~30분씩 나누지 않는 것처럼 말이죠. 우선순위를 정해야 합니다. 독서와 사고력, 표현력을 중요하게 여긴다면 그에 걸맞은 시간과 노력을 기울이는 것이 맞습니다.

하림이 어머니는 4학년이 된 하림이가 계속해서 책을 읽을 수 있도록, 일정을 조정해 독서 시간을 마련하기로 결정했습니다. 나아가 하림이가 읽은 책을 어머니도 같이 읽고, 대화를 나누기로 했죠. 저는 어머니와 하림이가 함께 읽을 만한 책을 고르고, 말하기의 주제도 추천해드렸습니다.

부모가 아이와 함께 책을 읽는 것은 언제나 가장 좋은 독서 교육입니다. 부모가 독서의 가치를 몸으로 보여주는 것이니까요. 더 좋은 점은 다양한 주제로 이야기를 나눌 수 있다는 것입니다. 일상생활을 벗어나 새로운 주제, 새로운 내용으로 아이와 대화할 수 있습니다.

하림이가 어머니와 읽은 책 중에는 『8시에 만나!』(울리히 후프 글, 요르그 뮐러 그림, 현암사)가 있습니다. '노아의 방주'를 모티프로 한 재미있는 이야기책이죠. 대홍수를 앞두고 두 장의 방주 탑승권을 받은 세 마리 펭귄이 밀항을 시도하는데, 독자는 이들이 비둘기에게 들킬까 봐 긴장하는 한편 이어지는 절묘한 상황들에 계속 웃음을 터뜨리게 됩니다. 하림이 어머니는 이 책을 읽고 아이와 함께 '신이 정말 있을까?'라는 심오한 주제로 대화를 나누었다고 합니다. 이 책으로 연극을 만든다면 누가 어떤 역할을 맡으면 좋을지를 두고 재미있는 대화도 이어졌고요.

『나는 너랑 함께 있어서 좋을 때가 더 많아』(구두룬 멥스 글, 로트라우트 주자나 베르너 그림, 시공주니어)에 수록된 단편동화 「평범한 거북이 릴로」를 읽고, 뜻밖의 행운을 주는 거북이 릴로가 찾아온다면 나에게는 어떤 일이 생길지 이야기를 나누어보기도 했습니다. 가장 바라는 것 또는 정말 이루어지면 오히려 난감할 것만 같은 그런 소원을 말해보면서 하림이와 어머니는 얼마나 더 가까워졌을까요? 이 소식을 전해들은 저 역시 너무나 기뻤습니다.

책은 말하기의 단서를 줍니다. 책 없이도 말할 수 있지만 책이 있으면 더 재미있게, 다양하게, 좋은 내용으로 말할 수 있습니다. 말하기를 어려워하는 아이도 책에 기대어 출발할 수 있습니다. 말하기 독서로 부모와 아이가 함께 성장할 수 있습니다.

말하기 독서, 어떻게 지도해야 하나요?

아이의 수준과 상황에 맞게 질문을 만들면 누구든 책과 자신에 대해 '잘' 말할 수 있습니다. 단, 아이와 함께 책을 읽고 대화를 나누려면 부모님과 선생님도 준비가 필요하죠. 다음은 독서교실 수업을 위해 저 스스로 정한 원칙입니다. 저 역시 잘 되지 않을 때가 많지만 한 번씩 점검하면서 마음을 다잡곤 합니다. 이를 참고해서 이 책을 읽는 분들도 자기만의 원칙을 세워보면 어떨까요?

1 말할 내용을 분명히 해요

아이에게 질문을 할 때는 물론이고 지식을 전할 때도, 지금 하고 있는 말이 정확히 무엇에 관한 것인지 스스로 분명히 정해야 합니다. 아이에게 하고 싶은 이야기가 여러 가지일 때는 순서를 정하고, 이 대화의 결말도 그려보세요. 아이와 대화하다가 이야기가 곁길로 빠질 때 중심을 잡되, 새로운 내용이나 뜻밖의 마무리라도 의미가 있다면 폭넓게 받아들여야 합니다.

2 유의미한 질문을 만들어요

의미 있는 질문을 하려고 노력합니다. 정답을 아는지 묻는 것이 아니라 '알고 있는 내용이 무엇인지', '어떻게 이해했는지' 물어보는 것이 좋습니다. 답을 들은 다음에도 대화가 이어질 수 있는 질문을 던지려고 노력해요. 범위가 너무 넓지 않으면서도 대답할 내용을 고를 수 있도록 유도하는 질문이면 더 좋습니다. 예를 들면 "학교생활은 어떠니?"보다 "요즘 학교에서 제일 하기 싫은 일이 뭐니?"가 더 좋은 질문이죠. 5학년 유호는 이 질문에 학예회 준비가 제일 싫다고 하더군요.

"학예회의 어떤 점이 싫어? 사람들 앞에 나서는 것? 아니면 다른 이유가 있어?"

"날마다 연습해야 되는 게 싫어요. 그런데 학예회는 왜 하는 거예요?"

"유호도 생각해봤을 텐데, 왜 하는 것 같아?"

"아이들이 이런 것을 배웠다, 하고 보여주려고요."

"그런 것도 있겠지. 부모님이나 다른 학년 아이들은 궁금할 수도 있으니까. 그런데 학예회는 준비하는 것 자체도 교육이라고 알고 있어. 귀찮아도 꾹 참고 하는 것, 친구들이랑 호흡을 맞추는 것, 집중해서 공연 잘하는 것들을 배우는 거래."

"네. 그런데 무슨 공연을 할지를 선생님이 혼자 정하는 건 좀 안 좋아요."

"그러네. 기왕이면 실제로 공연하는 어린이들 의견을 들어주시면 좋겠다. 무슨 공연 하는데?"

"리코더 연주요. 손가락도 아프고 넷째랑 다섯째 손가락이 잘 안 돼요."

"선생님은 어렸을 때 리코더 싫어했어. 손가락도 아프고, 안에 침 고이는 것도 질색이었어!"

"그런데 그거 막 그냥 터는 애들도 있어요. 저도 그거 싫어요!"

3 말투와 내용을 분리해서 지도해요

우리는 모두 글씨체가 다른 것처럼 말하는 모습도 다릅니다. 어떤 아이는 질문에 금방 대답하고, 어떤 아이는 답을 오래 고릅니다. 목소리의 높낮이, 말하는 속도도 모두가 달라요. 이는 맞고 틀리는 문제가 아니므로, 아이의 개성을 존중해야 합니다. 즉, 말하는 스타일보다 말의 내용에 집중해서 지도해야 한다는 뜻입니다. 고쳐야 할 대화 예절과 발표 태도, 말투가 있다면 아이가 말하는 내용과 분리해서 지도해주세요.

4 말하기 모범을 보여요

아이에게는 말하기의 모범 대상이 필요합니다. 아이 앞에서는 유행어나 줄임말을 쓰지 않으며, 발음도 정확하게 해야 합니다. 낱말로 끝내기보다 문장 형식으로 말하도록 노력하고, 문장이 너무 길어지지 않게 신경 씁니다. 애매한 표현 대신 뜻이 명료한 표현을 씁니다. "방이 어질러져 있네"보다 "방을 청소해야겠다"가 더 좋습니다. 저는 아이에게 듣고 싶은 방식으로 말하려 노력하고 있습니다.

또한 뜻과 활용을 가르칠 수 있는 상황이라면 아이 수준보다 조금 어려운 어휘를 섞어서 씁니다. 꼭 필요한 경우가 아니면 일일이 그 말들을 가르치기보다 "무슨 뜻이에요?" 하고 물었을 때 칭찬하고 뜻을 알려주는 것이 좋습니다. 가르쳐줄 기회는 늘 있으니까 조바심 내지 않아도 됩니다. 아이의 눈을 보고 고개를 끄덕이거나, 중간중간 "재미있는 이야기다", "그 표현 좋다", "그 부분 잘 못 들었어. 미안하지만 다시 얘기해줘" 같은 말로 지금 대화에 집중하고 있다는 것을 알립니다. 이것은 듣는 태도를 가르치는 일이기도 합니다.

<u>5</u> 공감을 바탕으로 대화해요

당연한 말이지만 말하기는 듣기를 전제로 합니다. 그만큼 듣는 사람의 역할이 중요하죠. 아이와 말하기를 할 때 신경 쓰지 않으면 추궁하거나 혼내는 분위기가 되기 쉽습니다. 아이가 하는 말이 잘 이해되지 않아도 "그게 무슨 말이야?" 하기보다 "어려운 말이네. 차근차근 다시 얘기해보자" 하고 다독여주세요. 아이가 말한 내용이 마음에 들지 않더라도 일단은 받아주세요. "주인공이 욕을 할 만한 상황이었어요. 저도 그럴 땐 욕해요"라고 말했다면 "화가 나면 무슨 말이든 나올 수도 있어. 안 그러려고 노력하는 게 중요하지" 하는 것이 좋습니다. 무엇이든 말할 수 있는 분위기가 되어야 배울 수 있습니다. 이것은 말하기 수업이 아니더라도 마찬가지겠지요.

PART 2

책 읽기가 즐거워지는 갈래별 말하기 독서법

1장

창의성을 키우는

그림책
말하기

1 그림책 말하기가 창의성을 자극해요

그림책은 어느 자리에서나 환영받습니다. 유아와 어린이, 청소년은 물론이고 어른들이 모인 자리에서도 그림책을 꺼내면 다들 표정부터 달라지죠. 갑자기 그림책이 그 공간의 중심을 차지합니다. 처음 보는 그림책뿐 아니라 잘 알던 그림책도, 심지어 평소에는 별로 좋아하지 않던 그림책도 누군가 읽어주면 새롭게 보이기 마련입니다.

그림책이 사랑받는 가장 큰 이유는 그림에 있습니다. 그림은 언어의 제약을 받지 않고 메시지를 전달합니다. 화가가 어느 나라 사람이든, 활짝 웃고 있는 주인공의 얼굴을 보면 독자는 금방 그의 기분을 알아챌 수 있으니까요. 책 읽기에 능숙하지 않은 사람도 그림책은 비교적 쉽게 감상할 수 있습니다.

제가 초보 편집자로 일할 때였습니다. 낯선 언어로 된 그림책을 두고 비용을 들여 번역 검토를 낼지 말지 고민하고 있던 제게 선배들이 해준 말입니다. "그림만 봤는데도 확신이 들면 출판해도 좋아." 아직 글자를 모르는 아이들이 그림책을 고를 때의 기준도 비슷하기 때문이죠. 『책을 어떻게 읽을까?』(케이트 메스너 글과 그림, 봄의정원)를 읽었을 때, 1학년 하울이도 비슷한 말을 하더군요.

"여기에 안 나온 방법이 있는데, 어떤 책은 그림만 봐도 돼요!"

저는 무엇보다 그림책이 창의성의 세계로 안내하는 훌륭한 매체라는 점을 늘 강조합니다. 좋은 그림책은 새로운 소재를 보여줄 뿐 아니라, 익숙한 소재도 다시 볼 수 있도록 새로운 시각을 제시해줍니다(참신성). 그림책 작가는 아이디어를 가장 효과적으로 드러낼 수 있는 전개 방식을 찾아냅니다(효과성). 또한 그림책의 주제는 아이의 지적 · 정서적 성장을 돕습니다(윤리성). 참신성, 효과성, 윤리성은 창의성 연구자들이 발견한 '창의적 산물'의 핵심 요소입니다(『일본의 아이디어 발상 교육』, 권혜숙 외 글, 대교출판).

그림책을 통해 우리는 작가의 창의성을 만날 수 있을 뿐만 아

니라, 우리 내면에 잠재되어 있던 창의성도 북돋울 수 있습니다. 새롭게 볼 수 있다는 사실을 알면 새롭게 보고 싶어지고, 더 나은 방법이 있다는 것을 알면 더 나은 방법을 찾고 싶어지는 법이죠. 그런 순간을 만나면 갑자기 세상이 커지는 것만 같습니다. 그림책을 보면 기분이 좋아지는 것도 이런 이유가 아닐까요?

또 같은 그림책을 읽더라도 그 사람의 경험치나 지적·정서적 상황에 따라 다양한 방식으로 받아들입니다. 그래서 그림책을 읽고 말하면 서로 다른 감상을 듣는 즐거움까지 느낄 수 있죠. 여러 번 반복해 읽으면서 자신의 감상을 더욱 풍성하게 만들 수도 있습니다. 이게 핵심입니다. 말하기 독서법으로 그림책을 보면 책을 다양한 방법으로 읽을 수 있게 되고, 생각의 길이 여러 갈래가 있을 수 있다는 점을 배울 수 있습니다.

사실 저는 독서교실에서 아이들과 그림책을 읽고 이야기를 나눌 때 혹시라도 제 감상만이 정답인 것처럼 가르치게 될까 봐 걱정했습니다. 아이가 책의 가장 멋진 부분을 못 알아볼까 봐 초조해하기도 했고요. 그런데 가장 좋은 '말하기'의 지침은 역시 그림책 자체에 있더군요. 그림책의 '그림'과 '형식'이 말하기의 물꼬를 터주었거든요. 아이와 함께 그림책을 다 읽고 "끝!" 하고 외친 뒤 무슨 말을 해야 할지 망설여지는 분들께 이번 장의 내용이 도움 되었으면 좋겠습니다. 먼저 그림책을 '잘' 읽는 데서 시작해야겠죠?

2 그림책, 어떻게 읽을까?

첫째, 자연스럽고 정확한 발음으로 읽어요

아이에게 부모와 함께 그림책을 읽는 시간은 '이야기를 듣는' 시간이기도 합니다. 아이는 책에 적힌 글자를 읽기보다는 부모의 목소리로 책의 전개를 따라갑니다.

아이에게 그림책을 읽어줄 때는 되도록 자연스러운 목소리로 말하듯이 읽는 것이 좋습니다. 굳이 과장하지 않아도 됩니다. 좋은 그림책은 자연스럽게 읽는 즐거움을 느낄 수 있게끔 문장이 잘 배열되어 있습니다. 말소리의 높낮이와 크기, 속도를 조정하

는 것만으로도 내용이 충분히 잘 전달됩니다. '높이 올라갔어요'
를 낮은 목소리로, '천천히 걸었어요'를 빠른 속도로 읽을 사람은
없을 테니까요.

　때로는 책에 나오지 않는 말로 흥을 돋우거나 주인공으로 분
해 연극적으로 읽어줘도 좋습니다. 하지만 그림책 읽기에 익숙
한 아이라면 이러한 방식이 몰입에 방해가 되기도 합니다. 과장
된 표현으로 내용에 집중하기 어려워지기 때문이죠. 읽어주는
사람도 곤욕스럽습니다. 읽는 사람에게 부담스럽지 않은 정도로
조절하는 것이 듣기에도 적당합니다. 아이에게 읽기의 모범을
보인다는 자세로, 발음과 끊어 읽기에 신경 쓰면서 알맞은 속도
로 읽어주세요.

둘째, 읽기 전에 내용을 짐작해 말해요

　아이에게 그림책을 읽어주기 전, 적당히 뜸을 들여보세요. 표
지를 보며 제목이나 그림, 어떤 내용을 담고 있을지 짐작해보는
대화를 짧게라도 나누면 읽을 때 집중하는 정도가 확연히 달라
집니다. 아주 간단한 활동이지만 그 효과는 매우 크죠. 읽기 전
에 말로 나누었던 내용들이 사실일지 확인해봐야 하니 끝까지

열심히 읽으려고 합니 다. 미리 그림이나 분 위기를 파악했으니 책 과 더 가까워진 기분으 로 말이죠. 현재 아이 의 상황이나 경험과 연 관지을 수 있는 부분을 찾아 관심을 일으켜주 는 것도 좋습니다.

『여우』

　『펭귄 365』(장-뤽 프로망탈 글, 조엘 졸리베 그림, 보림)는 수많은 펭 귄들과 당황한 사람들이 그려진 표지도 재미있지만, 무엇보다 제목이 독특하지 않나요? 여기서 '365'는 펭귄의 수를 뜻할까요, 1년의 기간을 뜻하는 걸까요?(정답은 둘 다입니다.)

　『여우』(마거릿 와일드 글, 론 브룩스 그림, 파랑새)의 표지를 보면 정 면을 바라보고 있는 여우의 표정부터 예사롭지 않습니다. 6학년 아이들은 이 표지를 보고 "으스스해요", "속마음이 다를 것 같 아요", "옆에 있는 까치랑 작전을 짜는 것 같아요" 하고 각자 떠 오르는 느낌을 말했습니다. 희망과 절망, 우정과 질투, 신뢰와 배신을 두루 담은 그림책이니 아이들의 첫인상이 꽤나 정확했 다고 할 수 있겠네요.

1학년 시우가 『쥐 둔갑 타령』(박윤규 글, 이광익 그림, 시공주니어)을 읽고 싶다고 했을 때는 걱정이 앞섰습니다. 시우는 캄캄한 것을 싫어하고 종종 무서운 꿈을 꾸기도 하는 아이거든요. 우화 속 동물들이 서로 잡아먹는 장면만 나와도 긴장하곤 합니다. 그런데 시우가 고른 그림책에는 쥐가 사람 손톱을 갉아먹고, 사람으로 변신하는 장면이 나옵니다. 책을 본 아이가 밤잠을 설치면 어떡하나 싶었죠. 일단 왜 이 책을 골랐는지 물었습니다.

"제목이 재미있을 것 같아서요."

시우는 '둔갑'은 무슨 뜻인지 모르지만 '타령'은 '노래 같은 거'라고 알고 있었습니다.

"둔갑은 변신한다는 거야."
"그럼 재미있겠네요!"
"근데 좀 무서울 수도 있어. 이 쥐가 이 할아버지의……"
"선생님! 아직 말하지 마세요. 읽어봐야죠."
"그럼 읽다가 혹시 무서울 것 같으면 얘기해줄래? 그럼 선생님이 뒷부분은 짧게 말해줄게."

시우는 "이 사람 나쁜 사람이에요?", "옛날 옷에는 (소매에) 고양이가 들어가요?" 하고 질문을 해가며 끝까지 잘 읽었습니다. 노래는 아니지만 타령조의 문장이 재미있었던 모양입니다. 고양이 때문에 쥐가 본모습으로 돌아오는 그림을 볼 때는 살짝 무서워했던 것 같은데, 마음의 준비가 되었던 덕분인지 잘 넘어갔습니다. 오히려 "선생님이 무섭다고 해서 조금 걱정했는데 이 정도는 괜찮아요" 하고 여유를 부리면서요.

셋째, 모르는 단어는 넘어가도 괜찮아요

그림책을 읽어주다 보면 아이에게 생소할 것 같은 단어가 나오곤 합니다. 읽어주는 입장에서는 아이가 이 단어의 뜻을 알고 있는지 궁금하기도 하고, 줄거리를 이해하려면 이 단어를 알아야만 할 것 같아서 그냥 넘어갈 수가 없습니다. "무슨 뜻인지 알겠니?", "이 말은 이런 뜻이야" 하고 덧붙이기 쉽지요. 그런데 아이가 먼저 묻지 않으면, 되도록 질문이나 뜻풀이는 삼가는 게 좋습니다. 이유는 두 가지입니다.

첫째, 아이 입장에서는 그림책을 보던 중에 질문을 자꾸 받으면 감상이 흐트러질 수밖에 없습니다. 재미있는 드라마를 보고 있는데 누가 계속 말을 거는 상황을 떠올려보면 아이의 마음이 이해될 것입니다. 둘째, 아이가 뜻을 묻지 않는다는 것은 그 말의 뜻을 어렴풋이나마 알고 있거나, 그것을 몰라도 그 나름대로 내용을 이해하고 있다는 뜻입니다. 단어의 뜻과 활용은 문맥을 통해 배우는 것이 가장 좋습니다. 처음에는 인식조차 못 하고 지나간 단어일지라도 언제든 다시 만날 수 있고요. 언어의 세계는 그림책 한 권보다 훨씬 넓으니까요.

옛이야기 그림책 『정신 없는 도깨비』(서정오 글, 홍영우 그림, 보리)의 첫 장에는 이런 말이 나옵니다.

"(농사꾼은) 자기 땅이 없으니까 남의 집에 품이나 팔아서 먹고 살았지."

'품을 판다'를 설명하자면 이야기가 길어지지만, 책장을 넘기면 금방 뜻을 짐작할 수 있는 말이 나옵니다.

"하루는 남의 집에 가서 농사일을 해주고 품삯으로 돈 서 푼을 받았어."

남의 집에서 일을 해주고 돈을 받는 게 바로 '품을 파는 것'임을 짐작할 수 있겠죠? 농사꾼은 그 돈을 '괴춤'에 넣고 집으로 돌아가는데, 여기서 '괴춤'은 또 무엇일까요? 무슨 뜻인지 몰라도 가난한 사람이 그날 번 돈을 함부로 간수할 리 없다는 것쯤은 짐작할 수 있습니다.

물론 사전을 찾아보는 것도 방법이겠죠. 사전을 보면 '괴춤'은 '고의춤'의 준말로, 고의나 바지의 허리 부분을 접어서 여민 부분을 뜻합니다. 이 단어의 뜻을 알게 되면 나아가 '옛날 옷에는 주머니가 없었구나' 하고 새로운 정보를 얻을 수 있습니다. 또 당시 농사꾼은 따로 돈주머니를 가질 처지가 아니었다는 점도 새삼 깨닫게 될 거고요. 하지만 이 단어를 몰라도 건망증 심한 도깨비가 돈 서 푼을 갚고 또 갚아 농사꾼이 부자가 되는 이야기를 읽는 데는 아무런 문제가 없습니다.

그러면 아이가 뜻을 몰라서 물어본다면 어떻게 대처하는 것이 좋을까요? 곧장 가르쳐주거나 함께 국어사전을 찾아보면 됩니다. 가르치려는 욕심에 "무슨 뜻일지 생각해봐", "앞부분을 잘 보면 짐작할 수 있어" 하고 학습을 시키는 건 책과 멀어지는 계기만 될 뿐입니다.

단지 이야기를 이해하기 위해 단어의 뜻만 알면 되는 건데 역으로 질문을 받다니, 아이로서는 이야기에 흥미가 떨어지고 주의가 흐트러지기 시작합니다. 문맥을 보고 낱말의 뜻을 짐작하는 것은 동화책이나 지식책을 읽으면서 연습해도 됩니다. 우선 이야기의 흐름을 해치지 않는 선에서 담백하게 뜻만 알려주세요.

줄거리를 잘 따라오고 있는지, 특정한 장면을 잘 이해했는지도 되도록 묻지 않는 편이 좋습니다. 읽는 중간에 꼬치꼬치 묻지 않고 읽기가 끝난 뒤 말하기를 통해 확인해도 충분하거든요. 내용이 앞으로 어떻게 전개될 것 같은지 한두 번 물어보는 선에서 멈춰주세요. 하지만 그것도 그림책을 읽는 동안 반드시 해야 하는 질문은 아니라고 생각합니다.

넷째, 소리 내어 생각해봐요

그렇다고 해서 책만 보라는 뜻은 당연히 아닙니다. 대화는 언제나 환영합니다. 다만 부모는 아이에게 질문만 하고, 아이는 그저 대답만 하게 하는 상황은 피해야 합니다. 이는 문답이지 대화는 아니니까요. 책을 읽으면서 대화를 나눈다는 것은 생각하면서 책 읽는 법을 가르치기 위한 훈련이기도 합니다. 그러자면 부모가 먼저 모범을 보이는 것이 좋습니다. 바로 '소리 내어 생각하기'입니다.

『당나귀 실베스터와 요술 조약돌』(윌리엄 스타이그 글과 그림, 비룡소)은 요술 조약돌을 발견한 실베스터가 소원을 잘못 비는 바람에 바위로 변해버렸다가 간신히 가족의 품으로 돌아오는 이야기입니다. 2학년 지후와 이 책을 읽는데, 첫 장에 '실베스터는 모양과 색깔이 특이한 조약돌 모으는 것을 아주 좋아했어요'라는 대목이 나와서 제가 먼저 말했습니다.

"실베스터처럼 나도 어렸을 때 조그만 메모지 모으는 걸 좋아했어. 지금도 예쁜 수첩이랑 공책이랑 그냥 지나치질 못해. 지후는 뭐 모으는 거 없어?"
"저는 포켓몬 카드 모았는데, 요즘은 잘 안 모아요."

실베스터가 바위로 변해버린 곳은 '딸기 언덕'인데 이번에는 지후가 먼저 "어, 나 딸기 좋아하는데" 하고 말을 꺼냈습니다. 동네 개들이 실베스터를 찾기 위해 딸기 언덕을 찾아가 '갑자기 나타난 바위' 냄새를 맡는 대목에 이르자 지후가 "어? 그러면 이 바위가 실베스터 아니에요?" 하고 알아보더군요. 겨울에 바위가된 실베스터 위에 늑대 한 마리가 올라앉아 울었다는 대목에서는 자처해서 늑대 연기도 해보았고요. 나중에 실베스터의 엄마, 아빠가 시름에 잠겨 지내다 딸기 언덕으로 나들이를 가는 장면이 나오자 "와, 이제 만날 것 같아요. 그런데 아직 바위인데 어떡해요?" 걱정하며 책에서 눈을 떼지 못했습니다. 책을 아직 안 본 분들을 위해 실베스터가 어떻게 자기 모습을 찾았는지까지는 적지 않겠습니다. 다만 지후가 "아주 아주 잘된 이야기예요"라며 몇 번을 다시 읽었다는 것만 말씀드리죠.

3 그림책, 읽고 무엇을 말할까?

첫째, 그림에 대한 모든 것을 말해요

> **느낌** "무엇이 느껴지니?"

아이들이 내용을 보기도 전에 마음에 들어하는 그림책이 종종 있습니다. 그림 때문이죠. 당연하게도 그림책 읽기의 가장 중요한 부분은 '그림'입니다. 많은 이들이 '그림책을 아이가 만나는 첫 예술품'이라 말하고, 그림책 서가를 미술관에 비유하는 건 결코 과장이 아닙니다. 그림책 속 아름다운 그림들은 확실히 우리의 눈과 마음을 사로잡습니다. 그런데 우리는 무엇을 '아름답다'

고 하는 것일까요? 이것이 그림책 말하기의 주제 중 하나입니다.

많은 사람들이 좋아하는 그림을 살펴보면 일반적인 아름다움의 기준을 짐작해볼 수 있습니다. 안정된 구도, 노련한 드로잉, 그에 걸맞은 채색 같은 것으로 말이죠. 한편으로 우리는 각자 다른 미적 기준을 가지고 있어서, 아름답다고 느끼는 대상이 조금씩 다르기도 합니다.

동양화풍으로 담백하게 그려진 우리나라 옛이야기 그림책을 보고 또 보며 좋아하는 아이가 있는가 하면 "이렇게 흐린 그림은 별로예요"라고 말하는 아이도 있습니다. 한 가지 색으로 그려진 그림을 단조롭다 여기는 아이가 있는가 하면, 그런 그림의 독특한 분위기에 푹 빠지는 아이도 있고요.

어떤 그림을 좋아하는지, 그림에서 무엇이 느껴지는지 말하다 보면 스스로 몰랐던 취향도 발견할 수 있습니다. 취향을 확인하면 책 읽기가 더 즐거워지죠. 각자의 그림 취향을 말해보세요. 그림을 보는 눈이 넓어지고, 감상이 풍성해집니다. 이것이 그림책 말하기가 주는 진정한 재미입니다.

문제는 감상을 나눌 때 어른의 말하기 방식입니다. 아이에게 무작정 "그림이 어때?"라고 물으면 답도 "좋아요"나 "그냥 그래요"에서 더 나아가기가 어렵거든요. 감상이 풍성해지기 어렵습니다.

『조지 아저씨네 정원』(게르다
마리 샤이들 글, 베너뎃 와츠 그림,
시공주니어)의 그림은 색연필과
파스텔을 사용해 부드러운 이
미지로 그려졌습니다. 하울이
는 이 책의 표지만 보고 "저 이
책 좋아요!"라고 했습니다. 물
론 그림 때문이죠.

『조지 아저씨네 정원』

"이 그림 보니까 어떤 느낌이
들어?"

"은은해요." (이 무렵 한창 하울이가 많이 쓰던 말입니다.)

"정말 그러네. (그림의 윤곽선이 뚜렷하지 않아 흐릿한 느낌이 있습니
다.) 선생님은 부드러운 느낌이 들어. 또 색깔이 많아서 화려하게
도 보이고."

"예쁜 색이 많아요."

"(책장을 넘기며) 하울이는 여기서 무슨 색이 제일 좋아?"

"여기 보라색이요."

"나는 여기 분홍색이 좋아."

"저도 분홍색도 좋아요. 그리고 여기 초록색도요. 알았다! 이

책 제목이 '조지 아저씨네 정원'이잖아요. 그래서 이렇게 색깔이 많은가 봐요. 꽃이 많아서."

"잘됐다. 하울이는 나무랑 꽃이랑 좋아하지?"

"네, 맞아요. 그리고 이렇게 색깔이 많이 들어간 책도 좋아요."

『조지 아저씨네 정원』을 읽은 뒤 하울이에게 추천한 책은 『사라지는 동물 친구들』(이자벨라 버넬 글과 그림, 그림책공작소)입니다. 열대우림, 산호초, 사막 등에 사는 멸종 위기 동물을 소개하는 그림책으로, 그림 속에 숨어 있는 동물들을 찾게 되어 있죠. 동물들의 다양한 서식 환경이 수채화로 화려하게 그려져 있어서 보는 내내 눈이 즐겁습니다. 다채로운 표현 자체가 '생물의 다양성을 지키자'라는 주제를 품고 있는 점도 좋고요. 다행히 하울이도 '멋진 그림책'이라며 좋아했습니다.

2학년 희서는 자기가 제일 좋아하는 책이라며 『샌지와 빵집 주인』(로빈 자네스 글, 코키 폴 그림, 비룡소)을 제게 소개했습니다. 욕심쟁이 빵집 주인이 샌지에게 '빵 냄새 맡은 값'을 요구하자 재판관은 '동전 떨어지는 소리'로 갚으라는 판결을 내립니다. 재치 있는 이야기 때문에 사랑받는 이른바 스테디셀러인데, 희서가 이 책을 좋아하는 이유는 '그림이 맛있게 생겨서'라고 합니다. 정확하게는 빵집의 빵이 맛있어 보인다는 거죠.

"이 책을 보면 빵이 먹고 싶어져요."

"맞아, 선생님도 그래. 책에서 빵 냄새가 진짜로 나는 것 같지."

"빵 냄새(연기로 그려졌습니다.)도 맛있을 것 같아요. 이렇게 만화처럼 된 책이 좋아요."

"말풍선도 없는데 왜 만화처럼 느껴질까?"

"코가 이렇게 크게 그려진 것(샌지가 냄새 맡는 그림)도 그렇고, 여기 (빵집 주인이) 땡그랑 소리 듣는 것도 애니메이션 같아요."

희서가 이 책을 애니메이션 같다고 한 것은 생동감을 느꼈기 때문입니다. 실제로 『샌지와 빵집 주인』의 그림은 독자의 시각, 후각, 청각을 고루 자극합니다.

그림 스타일은 다르지만 역시 생동감이 느껴지는 『간질간질』(서현 글과 그림, 사계절)은 함께 보면 좋은 책입니다. 떨어진 머리카락들이 '내'가 되어 진짜 '나'와 함께 춤추며 노는 모습이 유쾌하죠. 주인공이 춤추는 모습만 봐도 음악 소리가 들리는 것 같습니다. 희서뿐 아니라 유머러스한 그림을 좋아하는 아이라면 누구나 환영할 겁니다. 그림에서 느껴지는 냄새나 소리도 대화의 좋은 주제가 됩니다.

"인상적인 장면은 뭐였니?"

그림책은 보통 32쪽 분량으로 만들어집니다. 길어도 48쪽을 넘지 않죠. 속표지나 판권 면 등을 제외하면 많아야 스무 장면이 들어가는 셈입니다. 한정된 쪽수 안에서 독자에게 이야기를 소개하고, 흠뻑 빠지게 하고, 재미와 감동을 주기 위해 작가는 섬네일을 여러 번 고쳐가며 무엇을 그리고, 무엇을 그리지 않을지 결정합니다. 달리 말하면 우리가 그림책에서 만나는 장면들은 모두 작가의 선택을 거친 것입니다. 그림책을 보면서 작가가 왜 이런 장면을 그렸을까, 이 장면이 우리에게 전하는 메시지는 무엇일까 말해보는 것은 창작 과정을 엿보는 길입니다.

그림책의 어떤 장면이 가장 마음에 드는지 아이와 함께 말해보세요. 『북쪽 나라 여우 이야기』(데지마 게이자부로 글과 그림, 보림)의 이야기는 사실 단순합니다. 추운 밤, 사냥을 하다 실패한 어린 여우가 눈부신 겨울 숲 풍경에 넋을 놓았다가 아침이 되어 짝이 될 여우를 만납니다. 그러나 그림은 단순하지 않죠. 얼어붙은 눈, 고단한 여우, 여우보다 필사적으로 달리는 토끼, 눈 덮인 겨울 숲이 보여주는 환상적인 풍경. 아이들에게 가장 마음에 드는 장면을 골라 보자고 하면 여러 의견이 나옵니다.

"토끼가 여우보다 빨리 달리고, 여우보다도 큰 게(크게 그려진

게) 멋있어요."

"여우가 앞을 똑바로 보는 장면이요. 토끼를 놓쳐서 멍한 것
같아요."

"여우가 엄마를 생각하는 장면이요. 불쌍해요. 아직 어린데."

"저는 끝에 다른 여우를 만나는 장면이 좋아요. 근데 이 여우
도 아직 어린데 어떻게 봄에 또 아기 여우들이 태어나요?"

보낼 말도, 대답할 말도 많아집니다.

숨어 있는 재미도 찾아보세요. 앤서니 브라운은 『돼지책』(웅진
주니어), 『고릴라』(비룡소), 『터널』(논장) 등의 베스트셀러를 낸 작
가입니다. 난센스가 가득한 초현실주의적인 그림으로 유명하죠.
그런데 앤서니 브라운 특유의 어두운 유머와 기이한 분위기를
내키지 않아 하는 아이도 많습니다.

『너도 갖고 싶니?』(웅진주니어)는 그런 아이들까지도 즐겁게 볼
수 있는 책으로 그림 곳곳에 우스꽝스럽거나 논리적으로 맞지
않는 요소들이 숨어 있습니다. 빨랫줄에 걸린 스웨터들이 손을
잡고 있거나, 소가 주택가 가정집 안에서 창문 밖을 내다보고 있
고, 오리발에 물안경을 쓴 신사가 공원에서 물고기를 산책시키
고 있는 식이죠. 주인공 샘이 친구의 온갖 자랑은 들리지도 않는
다는 듯 혼자 숲을 바라보는 마지막 장면이 특히 멋집니다. 바위

와 나무의 무늬인 듯 몸을 숨기고 있는 동물을 찾는 것도 재미있고요.

작가가 그림을 그릴 때 과연 어디에 자리 잡고 있었을까 상상해보세요. 『위를 봐요!』(정진호 글과 그림, 은나팔)는 교통사고로 다리를 잃은 수지가 옥상에서 내려다본 풍경을 그린 그림책입니다. 사람들의 검은 머리, 우산의 행렬만 보던 수지는 사람들이 위를 봤으면 좋겠다고 속으로 외칩니다. 그리고 정말 한 사람이 위를 올려다보면서 수지와 대화를 시작합니다. 그 사람은 옥상에 있는 수지에게 자기 몸 전체를 보여주려고 길에 드러눕습니다. 다른 사람들도, 강아지도, 자전거도 누워서 위를 봅니다. 그러자 수지도 위를 봅니다. 모두가 같은 곳을, 하늘을 봅니다. 작가는 왜 "위를 봐요!"라고 했을까요?

"심심해서요. 자기도 맨날 혼자 있어서 사람들 얼굴을 보고 싶었나 봐요."
"하늘을 보면서 여유를 가지라고요."
"다른 사람들도 살피라는 말 같아요."

이 그림책을 읽어주면 사람들이 눕는 장면에서 따라 눕는 아이들도 있습니다. 길에 눕는다는 게 재미있기도 하지만, 자기도 모르게 그림에 동화되어 새로운 시점을 가져보는 것이죠. 같은 대상을 옆에서 보는 것, 위에서 보는 것, 아래에서 보는 것, 정면에서 보는 것, 어디에서 보느냐에 따라 모두 다른 모습을 그릴 수 있습니다. 새로운 관점이 새로운 생각의 출발점인 것은 더 말할 필요가 없겠죠.

앞에서 작가는 어떤 장면을 그리고 어떤 장면을 그리지 않을지 결정한다고 말씀드렸지요? 그렇다면 그려지지 않은 장면들은 다 어디로 갔을까요? 대부분 독자의 머릿속에 있습니다. 스무 장면의 그림들이 서로 연속적이지 않더라도 독자는 그림책을 읽으면서 그 사이에 일어나는 일들을 채워 넣습니다.

그림책 독자는 누구나 능동적인 참여자입니다. 그림책을 읽으며 아이와 나눈 대화가 특별하지 않아도 실망할 것 없습니다. 읽는 일 자체가 창조적인 일임을 잊지 마세요.

표현법 "왜 이렇게 표현했을까?"

그림의 내용뿐 아니라 그려진 방식도 중요합니다. 아이는 다양한 기법으로 그린 그림책을 보면서 예술의 세계에 눈을 뜨게 됩니다. 작가가 왜 그렇게 표현했을까 생각하면서 읽으면 더 좋겠죠.

앞서 소개한 『북쪽 나라 여우 이야기』속 그림은 목판화 작품입니다. 굵고 힘찬 선이 추운 땅에 사는 동식물의 강한 생명력

『북쪽 나라 여우 이야기』

을 표현하는 데 알맞습니다. 2학년 현성이는 책을 읽기 전에 그림을 보고 판화 작업 인 것을 알고는 "왜 힘들게 판화로 했어요?" 하고 물었 습니다. "작가가 의도한 특별 한 효과가 있지 않았을까?" 책을 보며 함께 찾아보자고 했더니, 몇 장면 지나지 않아 판화 작품 특유의 입체감을 알아차리더군요.

"이렇게 하니까 더 멋있고, 전부 살아 있는 것 같아요. 여우가 꼭 앞으로 나오는 것 같아요."

『두 마리 아기 곰』(일라 글과 사진, 북뱅크)은 작가가 직접 아기 곰 들을 키우며 찍은 사진으로 만든 그림책입니다. 아기 곰뿐 아니 라 송아지, 병아리, 너구리 등도 등장하는데 "실제로 이런 장면 이 있을 수 있다니!" 싶은 절묘한 장면이 많이 나옵니다. 그림과 달리 사진이 주는 현장감과 사실감은 강력합니다. 사진만이 표현할 수 있는 느낌은 무엇일지 대화해보세요. 사진을 찍을 때 어떤 어려운 점이 있었을지 짐작해보는 것도 대화의 주제가 될 수 있습니다. 그러다 보면 작가가 사진 한 장을 얻기 위해 아마 수백 장을 찍었으

리라는 점도 어렵지 않게 짐작할 수 있을 것입니다.

『숲 속 재봉사의 꽃잎 드레스』(최향랑 글과 그림, 창비)는 말린 꽃잎, 나뭇가지, 천 조각 등으로 표현한 콜라주 그림책입니다. 자연물인 꽃잎의 정교한 주름도 아름답지만 그것들을 채집하고 말리고 조심스럽게 붙여나갔을 작가의 정성 또한 장면 바깥까지 전해집니다.

창의성이란 단순히 아이디어를 내는 것이 아닙니다. 기발한 생각을 떠올리는 것과 까다로운 과정을 차근차근 밟으며 실제 결과물을 내놓는 것은 전혀 다르죠. 각 장면에 쓰인 오브제는 무엇이 있는지 찾아서 하나씩 말해보면 작품이 더욱 훌륭하게 느껴집니다.

또 이 책은 오브제들을 색깔별로 모아 놓고, 그것과 어울리는 기분과 연결한 점도 재미있습니다. "빨간색 옷을 입은 날에는 춤을 추고 싶어" 하는 식으로 말이죠. 색깔과 어울리는 기분을 말해보세요. 책에 나온 꽃잎 드레스 중에서 한 벌을 골라 입는다면 무엇을 입을 건지도 아이와 이야기 나누면 좋지 않을까요?

둘째, 그림책이 만들어진 방식을 말해요

"아이에게 전자책을 보여주는 것에 대해 어떻게 생각하세요?"

강연이나 상담 때 많이 받는 질문 중 하나입니다. 여기에는 시대의 변화에 따라 읽기 방식도 바뀌어야 하는 것은 아닐까 걱정하는 마음이 담겨 있을 때가 많습니다.

전자책은 단말기를 통해 언제 어디서나 다양한 책 내용을 볼 수 있다는 점, 종이책에 비해 값이 싸고, 저장 공간이 필요하지 않다는 점 등 많은 장점을 가지고 있죠. 게다가 요즘은 단말기의 기능이 점점 좋아지고 있으며, 전자책으로 만들어지는 콘텐츠도 늘어나는 추세입니다. 어린이책 전집 출판사 중에는 사용자에게 단말기를 겸하는 태블릿 PC를 대여해 자사의 책을 여러 권 볼 수 있게 하는 곳도 있고요.

전자책이 출판과 독서에 적지 않은 영향을 주는 것은 분명합니다. 그러나 종이책을 대체하지는 못할 거라고 생각합니다. 바로 책의 물리적 성질 때문이죠. 표지가 주는 인상, 종이와 인쇄된 활자의 느낌, 두께와 무게, 책장을 넘기면서 생기는 흔적 같은 것도 책 읽기의 중요한 부분을 차지합니다.

느낌만 그런 것이 아닙니다. 책장에 나란히 놓인 책을 보고 있노라면 각자의 독서 취향과 독서 역사를 살필 수 있습니다. 앞으로 어떤 책을 읽을지 계획을 세우는 데도 도움이 되지요.

더구나 어린이책, 그중에서도 그림책은 물리적 성질이 핵심 요소입니다. 좋은 그림책의 조건 중 하나는 '겉으로 보기에도 아름다운 책'이라고 할 수 있을 정도입니다. 멋진 책을 만들기 위해 작가는 창의성을 한껏 발휘합니다. 전자책이 이러한 창의성을 담아내려면 적합한 프로그램이 개발되어야 할 것입니다.

소설이 있는 그대로 영화가 되지 않는 것처럼, 같은 내용이라도 전달 매체가 바뀌면 그에 맞게 가공을 해야 합니다. 그림책 내용을 전자화하고 책장이 넘어가는 효과를 추가하는 정도로는 부족합니다.

자, 지금부터는 그림책이 주는 물리적인 즐거움을 생각해보면서 읽고 말해볼까요?

"왜 크게 작게 길게 만들었을까?"

단행본 그림책들을 책장에 꽂고 보면 높이가 들쑥날쑥합니다. 키가 커서 뉘어 놓아야 하는 책도 있고, 아예 책장에 들어가지 않는 책도 있어요. 그림책의 판형이 이렇게 제각각인 건 각자 내용에 알맞은 형태로 만들어졌기 때문입니다.

『생각하는 ABC』(이보나 흐미엘레프스카 글과 그림, 논장)에는 알파벳을 모티프로 상상력을 발휘한 그림들이 실려 있습니다. 말하자면 그림으로 된 사전이죠. 사전답게 320쪽이나 되는 대신, 가로세로가 한 뼘 정도 되는 그리 크지 않은 책입니다. 그런가 하면 『라치와 사자』(마레크 베로니카 글과 그림, 비룡소)는 독서교실 그림책 중 키가 제일 작아요. 겁쟁이 라치가 주머니에 조그마한 사자를 넣고 다니면서 용기를 얻게 되는 이야기니까 조그만 책에 담기는 게 어울립니다. 그런가 하면 『파도야 놀자』(이수지 글과 그림, 비룡소)는 가로로 긴 그림책이죠. 시원한 바닷가 풍경을 담기에 최적의 판형입니다. 앞서 소개한 『위를 봐요!』는 어떨까요? 제목에 걸맞게 세로로 깁니다. 책장에 크기가 다른 그림책이 꽂혀 있다면, 왜 이렇게 만들었을지 아이와 함께 대화해보세요. 그림책을 입체적으로 보는 안목을 기를 수 있습니다.

3학년 아이들과 『누가 누구를 먹나』(알렉산드라 미지엘린스키 다니엘 미지엘린스카 글과 그림, 보림)를 볼 때였습니다. 꼬리에 꼬리를

무는 생태계의 순환 구조
를 그린 책인데 크기가 가
로 240밀리, 세로 335밀리
로 조금 큰 편입니다. 처음
책을 꺼냈을 때 아이들의
반응은 "큰 책이다" 하는
정도였지만, 책을 펼치자마
자 "우와!" 하고 탄성이 나
왔죠. 검은색 선으로 세밀
하게 그린 커다란 꽃이 강
한 인상을 주기 때문입니다.

『누가 누구를 먹나』

이어지는 장면마다 동물이나 식물 그림이 페이지를 가득 채우고
있었습니다. 할미새도 늑대도 고슴도치도 아이 얼굴보다 큽니다.
진딧물과 파리 등 무리를 지어 다니는 것들은 여러 마리가 책장
을 꽉 채웁니다. 아이들이 먼저 얘기를 시작했습니다.

"무당벌레가 이렇게 큰 건 처음 봤어요. 그런데 왜 이렇게 그
림이 커요?"

"책이 크니까 그림도 크게 그린 것 같아요."

"근데 그림이 크니까 책을 크게 만든 거 아닌가?"

제가 나설 차례입니다.

"작가들은 아마 처음부터 큰 그림, 큰 책을 생각했을 것 같아. 중요한 건 그 이유지."

"눈에 띄게 하려고요."

"그건 다른 그림책도 마찬가지인데."

"동물을 잘 보라고요. 크면 잘 보이잖아요."

"선생님 생각도 비슷해. 그리고 내가 한 가지 알아낸 게 있어. 이 책에는 동물들이 크게 그려지기도 했지만, 무당벌레든 개구리든 늑대든 비슷한 크기로 그려지기도 했어. 실제로는 그렇지 않잖아. 그 이유가 뭔지 생각나는 사람 있을까?"

"다 중요하다는 뜻 아닐까요? 크기랑 상관없어요."

아이들 말대로 몸집이 작은 동물도 큰 동물도, 생명으로서 똑같이 중요합니다. 이 메시지를 전하기 위해서는 이렇게 큰 책이 필요했겠죠. 다시 말하지만 그림책의 크기에는 그럴 만한 이유가 반드시 있습니다.

표지와 면지 "표지에 왜 이 그림을 그렸을까?"

대부분의 그림책은 양장본으로 출간되기 때문에 표지와 본문을 연결하는 부분, 즉 면지가 있습니다. 표지가 대문이라면 속표지는 현관문이고, 면지는 그 사이에 난 복도라고 할 수 있죠. 표지의 분위기와 잘 어울리면서도 본문과 자연스레 연결되는 색을 면지로 활용하는 것이 보통입니다. 그런데 그림책은 면지까지 작품의 한 부분으로 끌어안기도 합니다.

『숲 속 재봉사의 꽃잎 드레스』의 앞면지에는 말린 꽃잎과 실타래가, 뒷면지에는 옷본들이 흩어져 있습니다. '숲 속 재봉사'가 옷을 만들기 위해 쓰는 재료와 도구들을 소개하는 거죠. 이를 통해 그림책을 읽기 전에는 흥미를 돋우고, 다 읽은 뒤에는 여운이 남게 합니다.

『간질간질』의 앞면지에는 경직된 자세로 서 있는 고양이, 개, 달걀프라이 등이 있습니다. 이어지는 본문에서는 유쾌한 춤판이 벌어지고, 뒷면지에서는 같은 인물들이 춤을 추고 있죠. 이야기 전과 후의 모습이 대조적이어서 더 재미있습니다.

지하철이 화자가 되어 승객들의 이야기를 들려주는 『나는 지하철입니다』(김효은 글과 그림, 문학동네)의 앞면지에는 이른 아침에 한강을 건너는 지하철이, 뒷면지에는 해 질 녘 한강을 건너는 지하철이 그려져 있습니다. 아침부터 저녁까지 지하철의 하루, 또 사람들의 하루를 담은 그림책답죠. 또 이 책은 속표지가 나올 때까지 면지를 제외하고도 그림을 네 장면이나 넣었습니

『간질간질』 앞면지

『간질간질』 뒷면지

다. 이야기의 발단이 되는 짧은 에피소드를 보여준 뒤 제목이 나오는 점에서 영화의 오프닝 같지 않나요?

이런 특별한 시작이 담긴 그림책을 보고 어떤 느낌을 받았는지 아이와 이야기 나눠보세요. 독서교실 아이들은 "왠지 멋있어요", "영화 같아요", "좀 더 기대가 돼요" 하는 각자의 느낌을 말해주었습니다. 물론 잘 모르겠다고 하는 아이도 있습니다. 그것도 좋습니다. 독자가 책의 모든 것을 알아야 하는 것은 아니니까요. 저는 아이들이 이런 장치를 보는 것만으로도 의미가 있다고 생각합니다. 조금 낯선 예술적 장치를 경험하는 것과 그렇지 않은 것은 너무나 큰 차이가 있지요.

표지가 이야기의 첫 장면인 그림책도 있습니다. 『모르는 마을』(다시마 세이조 글과 그림, 우리교육)에는 대담하게도 표지에서부터 본문의 글이 쓰여 있습니다. "오늘은 소풍, '도시락 잊지 마!' 여동생이 맨발로 뛰어왔다." 아이들이 시선을 빼앗길 수밖에 없죠.

면지에서는 버스를 놓친 주인공이 빈 버스

『모르는 마을』

를 타고 '모르는 마을'로 간다는 이야기가 담겨 있습니다. 모르는 마을은 걷는 민들레, 시내에서 헤엄치는 파인애플과 망고, 고양이 화분을 파는 햄버거 등 모든 것이 뒤죽박죽인 세상입니다. 여기서 겪는 일이 그림책의 내용이고요.

이게 전부가 아닙니다. 뒷면지에는 주인공의 집을 빠져나온 민들레들이 모르는 마을로 줄지어 돌아가는 모습이 그려져 있습니다. 이 민들레의 행렬은 뒤표지까지 이어집니다. 그렇다면 주인공이 모르는 마을로 찾아간 게 아니라 모르는 마을이 주인공을 찾아왔던 것일까요? 작가가 워낙에 자유분방한 상상력을 보여준 덕분에 아이들도 마음껏 상상력을 발휘하고 말해볼 수 있습니다.

창작 "작가의 생각에 너의 생각을 더해봐!"

앞서 그림책 독자는 능동적으로 책을 읽는다고 했는데, 작가가 더 적극적인 참여를 요구할 때도 있습니다.『거기, 이 책을 읽는 친구!』(가가쿠이 히로시 글과 그림, 미세기)가 그렇죠. 베개 도사와 그의 제자 이부, 자리는 구멍에 낀 동물들을 꺼내주려다가 자기들도 끼어버립니다. 그러자 베개 도사는 '책을 읽고 있는 친구(독자)'에게 "정말 미안한데요, 책을 좀 뒤집어줄래요?" 하고 부탁하죠. 그래서 책을 빙글 돌려 거꾸로 보면 이번에는 책을 탁탁 쳐서 자기들을 꺼내달라고 합니다. 이 요구대로 따라가다 보면 어느새 구멍에 끼었던 등장인물들이 모두 안전히 내려오는 장면을 만날 수 있죠. 결국에는 크게 소리 내어 웃게 만드는 그림책입니다. 시우 역시 웃으면서 이렇게 말했습니다.

"그런데 베개 도사가 시키는 대로 안 하면 어떡해요? 계속 못 나오는 거잖아요."

"좋은 질문이야. 그런데 아마 책을 만든 사람은 우리를 믿고 이렇게 했겠지?"

시우는 보란 듯이 책을 돌리지 않은 채 다시 읽어보았습니다. 그러면서도 거꾸로 쓰인 글자는 읽고 싶은지 고개를 꼬더니 안 되겠다며 책을 돌리더군요. 창작자와 호흡을 맞추는 쪽이 더 재미있는 법이죠.

『속도와 거리는 하나도 중요하지 않아』(마달레나 마토소 글과 그림, 그림책공작소)는 독자가 이야기를 만들어야 하는 그림책입니다. 자동차를 타고 "이제 여행을 떠나자!"라고 말하는 첫 장면을 제외하면 이 그림책의 열다섯 장면은 양쪽 모두 위아래로 나뉘어 있습니다. 위와 아래 페이지를 따로 넘길 수 있고, 순서도 바꿀 수 있으니 여행길의 가짓수가 끝이 없는 셈이죠. 위쪽 페이지만 넘기거나 아래쪽 페이지만 넘기면 내용도 분위기도 전혀 다른 이야기가 펼쳐집니다. 긴 이야기를 전부 창작하려 하지 말고, 아무 페이지나 펼쳐서 그 장면의 이야기를 만들어보세요. 책 속 대사 "어머 저기 좀 봐!"의 '저기'가 지나가는 개일 수도 있고, 양 떼 목장일 수도 있고, 손 흔드는 사람일 수도, 인사하는 곰일 수도 있습니다.

'펼쳐서 보는' 책의 물리적 성질을 주제로 삼은 그림책도 있습니다. 『이 작은 책을 펼쳐 봐』(제시 클라우스마이어 글, 이수지 그림, 비룡소)는 책 안에 책을 여러 겹으로 겹쳐 놓은 그림책입니다. 조그만 빨간 그림책을 펼치면 무당벌레 이야기가 있고, 무당벌레가 보고 있는 초록 그림책을 펼치면 개구리 이야기가 있는 식이죠. 책 속의 책들은 점점 작아집니다. 그래서 이 책은 읽어갈수록 안으로 들어가는 셈이 됩니다. 깊이가 생기는 거죠. 그리고 재미있게도 책은 점점 작아지지만, 책을 읽는 인물은 딱정벌레, 개구리, 토끼 등으로 덩치가 점점 커지다가 제일 안쪽에서는 급기야 거인이 등장합니다. 각자 보고 있는 책의 표지, 아끼는 물건과 주고받은 선물 등 숨어 있는 재미도 많습니다. 그만큼 말할 것도 많겠죠. 새롭고 명쾌한 아이디어가 아름답게 구현된 것을 보면 우리의 창의성도 자극을 받습니다.

이 그림책은 마지막에 "또 다른 그림책을 펼쳐 봐!"라고 끝나지만 시우는 새로운 책이 아닌 자기만의 책을 만들어보기로 했습니다. 창의성이 또 다른 창의성을 자극합니다. 그림책을 읽고 할 수 있는 가장 좋은 활동은 그림책을 따라 하는 것입니다.

4 그림책, 읽고 무엇을 할까?

첫째, 떠오르는 생각을 그림으로 표현해요

『태양을 그리다』(두성북스)는 디자이너이자 그림책 작가, 시각예술가인 브루노 무나리가 누구나 볼 수 있는 '태양'을 주제로 대상을 관찰하고 표현하는 다양한 방법을 보여주는 책입니다. 어른을 독자로 삼은 디자인 실기 안내서지만 하울이 말대로 '그림만' 보아도 좋을 책이라 독서교실 아이들과 함께 보기도 합니다. '해'는 아이들이 즐겨 그리는 소재인 만큼 관심이 높습니다. 하지만 3학년 아람이는 책을 보는 것에서 그치지 않았습니다.

"이런 거라면 저도 그릴 수 있을 것 같아요."

    아람이는 빨간색과 노란색 크레파스를 섞어 브루노 무나리의 태양을 따라 그려보았습니다. 간단한 기법인데도 효과가 재미있다고 생각했는지, 자기 그림을 만족스러워했죠. 그러더니 다시 자기만의 그림을 그렸습니다. 빨간색, 노란색으로 태양을 그린 것까지는 똑같은데, 이 태양은 수레에 담겨 있고 수레를 끌고 가는 사람의 형상이 검은색 실루엣으로 그려져 있었습니다.

"이 그림은 제목이 뭐야?"

『태양을 그리다』를 읽고 아람이가 그린 그림

"'태양을 신고 가는 아저씨'예요."

저는 아람이의 그림에서 두 가지를 알 수 있었습니다. 하나는 아람이가 작가의 의도를 정확히 파악했다는 것입니다. 태양을 관찰하고 표현하는 '자기만의 방식'을 보여준 점에서 그렇습니다. 아람이는 자기만의 방식으로 그리려 했기 때문에 '아저씨'를 포함했고, 관찰한 경험을 떠올려 태양의 성질을 반영해 그렸기 때문에 '아저씨'를 마치 그림자처럼 표현했습니다. 창작자의 입장이 되어 작가의 의도를 이해하고, 아울러 자신의 창의성도 발휘한 것입니다. 이런 것이 바로 그림책과 독자의 멋진 협업입니다. 또 하나는 '이탈리아의 천재 디자이너'도 아이의 대담한 발상을 따라가기는 어렵다는 거죠.

이 책에는 많은 예술가들의 독창적인 '태양'이 등장하지만 아이는 그 태양을 과감히 수레에 태워버립니다. 누구의 세계가 더 넓은가요?

둘째, 그림책을 따라 표현해봐요

　그림책은 잘 보고, 생각하고, 말하면서 읽는 것만으로도 충분합니다. '독후활동'이 필수는 아니라는 얘기죠. 또한 미리 자료를 잘 준비했거나 책을 읽는 동안 자연스럽게 떠오른 게 아니라면, 억지스러운 활동을 덧붙이는 것보다 그림책의 그림이나 특별한 형식을 따라 해보는 것이 낫습니다. 그림책을 완전히 이용하는 셈이죠.

　『홀라홀라 추추추』(카슨 엘리스 글과 그림, 웅진주니어)는 낯선 식물이 자라는 것을 지켜보는 곤충들의 이야기입니다. 대사는 전부 '윙잇', '이키', '찌르릇', '차라차라란' 등 곤충의 언어를 받아 적은 듯한 재미난 말들입니다. 무슨 뜻인지 몰라도 그림을 이해하고 곤충들이 내는 소리를 따라 읽으면 내용을 짐작할 수 있죠. 4학년 하림이는 이 그림책을 읽고 직접 번역을 해보겠다고 했습니다.

　그래서 그림 속 상황을 바탕으로 '윙잇'은 '우와', '이키'는 '친구', '찌르릇'은 '뭐가 보여?'라고 뜻을 유추해보았죠. 다음에 같은 말이 나왔을 때 뜻이 통하면 맞았다고 좋아하고, 그렇지 않으면 두 상황에 전부 어울리는 말로 다시 고쳐보았습니다. 때로는 말에 맞춰 그림의 의미를 바꾸기도 했고요. 덕분에 이미지와 언어, 양쪽의 해석력을 총동원하는 시간을 보냈습니다. 이런 시간에 아이는 에너지를 소비하는 것 같지만 사실은 몇 배로 충전합니다.

셋째, 단어를 수집해요

1학년 하울이는 초등학교 입학 전에 한글을 따로 배우지 않았습니다. 그래도 그림책을 보면서 눈에 익은 글자, 게임 매뉴얼이나 간판에 들어가는 글자 등 필요해서 알게 된 글자들이 꽤 있었죠. 무엇보다 말로 표현하기를 좋아하는 아이여서 입학하고 금방 한글을 뗐습니다. 유창하게 읽으려면 훈련이 더 필요하지만 글자 읽기를 좋아하고, 모르는 단어의 뜻을 배워가는 것에도 한창 흥미가 커지고 있었습니다. 그런 하울이에게 『단어 수집가』(피터 레이놀즈 글과 그림, 문학동네)는 딱 맞는 책이었습니다.

『단어 수집가』의 제롬은 눈길을 끄는 단어, 기분이 좋아지는 말, 뜻은 모르지만 소리 내서 말하면 근사하게 들리는 말을 수집합니다. 그러다 단어책이 흩어져 단어들이 뒤죽박죽되면서 새로운 조합의 말들을 만들어냅니다. 즉, 시를 쓰는 것입니다. 단어들을 날려 보내 사람들에게 나누어주기도 합니다.

이 책은 읽는 중에도 이미 말할 거리가 많이 떠올랐습니다. 제롬이 고른 '기분이 좋아지는 말'은 '사랑해, 불꽃놀이, 포옹' 등인데, 하울이는 '고마워, 엄마, 뽀뽀' 같은 말이 좋다고 했습니다. '소중한 단어'로는 '선물, 가족, 책'을 말했죠. 제롬이 찾은 '노래 같은 말'은 '과카몰레, 마다가스카르, 타르타르 소스' 등이고, 하울이와 제가 함께 찾은 것은 '사과, 사각사각, 수-박수박수박-수'가 있었습니다.

읽기가 끝난 뒤 책에 실린 단어들 중에서 마음에 드는 단어들을 골라 '갖기로' 했습니다. 하울이는 '평화, 보물, 은은한, 자유로운, 용기, 추억'을 저는 '우주, 희망, 축복하다, 산들바람, 잠재력'을 가지기로 했는데, 하울이가 고른 단어들을 쭉 보니 저도 '추억'을 갖고 싶어졌습니다.

"하울아, 선생님한테 추억 주면 안 돼? 우주 줄게."

"안 돼요. 우주 줘도 안 돼요."

"그럼 잠재력 줄게. 이거 좋은 거야."

"잠재력이 뭐예요?"

"'숨어 있는 힘'이라는 뜻이야. 엄청 좋지?"

"그것도 좋긴 한데, 추억도 좋아서 안 돼요."

"선생님은 나이가 많으니까 추억도 많이 필요하단 말이야."

"저는 아직 어리니까 앞으로 추억을 많이 만들어야 된단 말이에요!"

당연히 제가 포기했습니다.

우리는 타인의 창의성이 발현된 것을 보고 배움으로써 스스로의 창의성을 키울 수 있습니다. 그림책 말하기는 그것을 돕습니다.

앞서 살펴본 것처럼 그림책은 그림뿐 아니라 만들어진 모양새로도 메시지를 전달합니다. 그림책의 이미지는 우리를 생각하게 하고, 생각하는 데는 언어가 필요합니다. 이미지와 언어는 서로 긴밀한 관계를 맺고 있습니다. 이미지를 떠올리는 힘은 또한 생각하는 힘, 표현하는 힘과도 연결됩니다. 다음 장에서 소개할 '동시 말하기'는 그런 힘을 키우는 데 도움을 줍니다. 이번에는 그림도 없이, 언어로만 말이죠.

2장

언어의 힘을
배우는

동시
말하기

동시집은?

1 동시 말하기로
언어의 힘을 배워요

시는 짧습니다. 동시집을 읽기 전 아이들에게 시의 특징을 물어보면 가장 먼저 "짧아요!"라고 답하죠. 물론 긴 시도 있지만 다른 갈래의 글에 비해 짧다는 것만은 확실합니다. 그런데도 어떤 시는 긴 글이 쓰여 있는 책보다 더 큰 감동을 주죠. 왜 그럴까요? 그 짧은 언어에 많은 의미가 함축되어 있기 때문입니다.

시인은 평범한 방식으로는 표현하기 어려운 느낌과 생각을 드러내기 위해 심혈을 기울여 시어를 고르고 세심하게 배열합니다. 말하고자 하는 바를 시어에 꽁꽁 숨겨두고, 불필요한 말들은 모두 버립니다. 어떻게 보면 시에 쓰인 말들은 간신히 살아남은 것들이라고 할 수 있겠네요. 시를 이해하려면 먼저 시어에 담긴 뜻을 찾아내야 합니다. 그래서 시를 읽으면 언어를 이해하는 힘이 자연스레 길러지는 것입니다.

윤동주의 시를 살펴보겠습니다.

호주머니

윤동주

넣을 것 없어
걱정이던
호주머니는

겨울만 되면
주먹 두 개 갑북갑북.

이 시에서 '주먹'은 오므려 쥔 손만을 뜻하지 않습니다. 가난한 아이도 가지고 있는 무언가, 마음을 단단히 먹을 때 불끈 쥐는 무언가를 뜻하죠. 그런 '주먹'이 들어간 호주머니는 돈이나 물건이 들어간 것처럼 꽉 찹니다. '갑북갑북'이라는 말에서는 아이의

당당함이 느껴집니다. 이 아이는 추운 겨울에도 등을 쭉 펴고 씩씩하게 걸을 것만 같죠. '주먹'과 같은 낱말의 사전적 의미도 알아야 하지만, 낱말이 암시하는 바를 이해하는 것 역시 중요합니다. 시의 비유와 상징을 이해하면 언어에 대한 감각은 물론이고 세상을 대하는 감각도 달라집니다. 더 많은 것을 보고 느끼고 말할 수 있게 되죠.

또 아이가 시를 읽게 되면 머릿속에 관련된 이미지를 떠올리는 힘이 자랍니다. 시의 이미지를 '심상(心象)'이라고 하는데, 감각으로 얻은 무언가가 마음속에 재생된 것을 뜻합니다. 시어에 담긴 시각, 청각, 후각, 촉각, 미각, 공감각 이미지를 떠올릴 때 우리는 오직 언어만이 가진 강력한 힘을 체감할 수 있습니다. 언어의 힘으로 보이지 않는 것을 보게 되고, 들리지 않는 것을 들을 수 있게 되는 거죠.

어떤 순간이 시가 되는지도 알아야 합니다. 무심히 지나쳐온 평범한 순간이 시로 아름답게 형상화된 것을 본 다음에는 아이의 일상이 풍요로워집니다. 자신도 한 번쯤 해본 적 있는 생각을 누군가 시로 옮겨 적은 것을 보면 더 잘 공감할 수 있고, 자신의 생각을 가치 있다고 여기게 됩니다. 나아가 '나도 한번 써볼까?' 하는 자신감이 생겨 시를 써볼 수도 있습니다. 감성이 풍부해지고 표현력도 좋아지죠.

동시는 어린이 독자가 읽을 것을 염두에 두고 쓰인 시입니다. 그러나 좋은 동시는 아이는 물론 어른에게도 감동을 줍니다. 바꿔 말하면 어른이 보기에 유치한 동시라면 아이에게도 주면 안 된다는 거죠. 저는 특히 교훈적인 동시를 경계합니다. 말장난으로 그럴듯하게 치장한 시가 아니라, 아이의 오감을 확장시키고, 깊이 있는 생각을 하도록 이끄는 동시가 좋은 시입니다.

2 동시, 어떻게 읽을까?

첫째, 낭송하고 암송해요

동시 감상은 소리 내어 읽기로 시작하는 것이 좋습니다. 낭송을 하면 시를 온전히 '느낄 수' 있거든요. 종이에 누워 있던 언어가 발성기관 즉, 우리 몸을 통해 공기 중에 퍼져나가고, 우리 자신의 귀로 돌아옵니다. 이렇게 하면 그냥 눈으로 읽을 때보다 시에 표현된 감정이 더욱 절실하게 와닿을 때가 많습니다. 발랄한 시를 소리 내어 읽으면 더 재미있게 느껴지고, 차분한 시를 소리 내어 읽으면 주위가 고요해지는 경험을 할 수 있습니다.

시를 읽는 더 좋은 방법은 외워서 읊는 것, 즉 암송하는 것입니다. 저는 아이들에게 시를 외우면 시를 가질 수 있다고 말하곤 합니다. 언제든 꺼내볼 수 있는 예술작품이 생기는 거니까요. 또 외우기 위해 여러 번 읽으면서 시어를 음미할 수 있고, 시상이 전개되는 방식도 이해할 수 있습니다.

좋은 시를 외우면 언어가 얼마나 조직적으로 배치되어 있는지 알게 됩니다. 문맥을 이해하면 느낌을 더 잘 살려서 표현할 수 있죠. 시를 암송할 때는 암기한 말을 줄줄 늘어놓기보다 음악을 연주하듯 차분한 태도로 작품에 어울리게 적절히 연출하는 것이 좋습니다. 아이와 함께 시를 암송해보세요.

시를 암송하는 법

- 시 분위기에 알맞은 빠르기로, 목소리의 높낮이를 조절해서 읊어보세요.
- 시의 제목과 시인의 이름을 꼭 함께 읽고 외웁니다.
- 발음을 정확하게 합니다.
- 알맞게 끊어 읊습니다.
- 감정을 살려 읊습니다.

외우는 것도 일종의 기술이라 처음에는 어렵게 느껴지더라도 몇 편 외우다 보면 더 잘 외울 수 있게 됩니다. 한 편을 다 외우는 것이 부담스럽다면 먼저 마음에 드는 한 두 연이나 한 대목만 외워도 됩니다. 이때도 시의 제목과 시인은 함께 기억하는 것이 창작자에 대한 예의를 지키는 길이겠죠. 독서교실에서는 한 편의 시를 여러 장의 카드에 나눠 적고 섞은 뒤 순서에 맞게 배열하는 활동도 합니다. 암송은 기억력을 높이는 데도 도움을 준다는 것, 따로 말씀드리지 않아도 이미 잘 알고 계시리라 생각합니다.

둘째, 손으로 쓰면서 읽어요

시를 베껴 적어보는 것도 좋습니다. 시를 필사하려면 한 번에 쓸 수 있는 만큼씩 끊어 읽게 됩니다. 방금 본 구절을 공책에 적으면서 되뇌고, 적은 구절을 눈으로 확인할 수 있어 여러 번 읽는 셈이 됩니다. 또 조용히 집중하는 시간을 가져볼 수도 있고요. 강연에서 만난 한 어머님은 본인 스스로가 '책 읽는 속도를 늦추기 위해서' 필사를 한다고 하셨는데, 좋은 독서 방법입니다. 특히 시는 짧은 시간 안에 한 편을 온전히 옮겨 적을 수 있다는 점이 좋습니다.

필사 공책을 마련할 수도 있고, 작은 종이에 적어서 모은 뒤 친구나 가족과 시를 나눠 가질 수도 있습니다. 아이가 글씨를 잘 못 썼어도 이때 만큼은 지적하지 마세요. 지금 중요한 건 글씨가 아니니까요.

시에 어울리는 그림을 그려 시화를 완성해보는 것도 좋습니다. 부담이 된다면 한두 구절만 적어도 됩니다. 메모지에 좋아하는 시를 적어 아이의 책상 앞이나 냉장고에 붙여두면 공간의 분위기가 달라집니다.

한 사람이 불러주고 한 사람은 받아 적어보세요. 역할을 바꿔보기도 하고요. 엄마, 아빠가 손으로 적은 동시를 보면서 아이가 옮겨 적어보는 것도 좋습니다. 마찬가지로 순서를 바꿔보기도 하고요. 간단한 활동이지만 우리 가족만 누릴 수 있는 '시적인 순간'을 만들어줄 것입니다.

셋째, 동시집 한 권을 온전히 읽어요

동시는 한 편, 한 편이 독립된 작품이기 때문에 다양한 방법으로 접할 수 있습니다. 이른바 '명시 모음집', '교과서에 실린 동시 모음집'과 같은 모음집을 통해서 말이죠. 물론 그 안에서 마음에 드는 시를 만날 수도 있습니다. 그런데 저는 되도록 한 시인의 작품을 한데 모은 동시집 읽기를 권하곤 합니다.

한 권의 동시집을 온전히 읽으면 한 시인의 작품 세계를 내밀하게 들여다볼 수 있습니다. 시인마다 자연과 일상, 사람의 마음을 관찰하는 관점이 다르고 표현하는 방식도 다르죠. 시 한 편보다 여러 편을, 그것도 맥락을 갖추어 읽는 것이 그 시인의 세계관을 이해하는 데 훨씬 큰 도움이 됩니다.

출판사에서는 시인의 수많은 작품 중에서 한 권의 동시집에 들어갈 작품을 선별하고, 그것을 알맞은 순서로 엮고, 때로는 어울리는 그림을 넣어 편집합니다. 책 한 권에 해당 시인만의 작품 세계를 온전히 드러내기 위해 집중하는 거죠.

『뽀뽀의 힘』

동시집에는 보통 50편 안팎의 작품이 실리는데, 싣는 순서에는 그 나름의 이유가 있습니다. 보통은 소재나 분위기가 비슷한 시들을 한 부로, 또는 장으로 묶어 독자의 이해를 돕습니다. 예를 들어 『뽀뽀의 힘』(김유진 글, 서영아 그림, 창비)의 차례를 보면 이렇게 짜여 있습니다.

각 부에는 '가족 / 아이의 일상 / 자연 / 아기'를 주제로 한 시들이 한데 묶여 있죠. 목차를 보고 호기심을 자극하는 제목이 보이면 그 시를 먼저 읽어봐도 좋습니다. 「삼겹살 먹는 날」이라니, 이런 것도 시가 되는 걸까요? 「일요일 밤 여덟 시 오십 분」에는 과연 무슨 일이 일어날까요? 「동생에 대해 모르는 것 딱 한 가지」는 대체 뭘까요? 모두 『뽀뽀의 힘』에 실린 시 제목들입니다.

동시집에서 특별히 마음에 드는 시를 골라 표시해보세요. 이것은 독서교실 아이들과 제가 아주 좋아하는 읽기 방법입니다. 똑같은 동시집을 읽고도 읽는 사람마다 다른 동시들을 뽑아냅니다. 그다음에 '그 시가 왜 다른 시보다 좋은지' 말로 설명해보면 감상은 더 깊어집니다.

말하는 법

3 동시, 읽고 무엇을 말할까?

첫째, 감상을 말해요

독서교실에서는 동시집을 읽고 마음에 드는 시 다섯 편을 골라오는 숙제를 냅니다. 좋은 시가 없으면 마음에 들지 않거나 이해가 되지 않는 시를 골라도 됩니다. 꼭 지켜야 할 조건은 다섯 편을 고르는 겁니다. 적어도 안 되고 넘쳐도 안 됩니다. 그렇게 하는 이유는 다른 시보다 더 마음에 드는 시 또는 더 마음에 들지 않는 시를 골라보는 경험을 하기 위해서입니다. 어떤 시를 뽑거나 탈락시키려면 반드시 '근거'가 있어야 합니다. 바로 그 근거를 찾고 말하는 것이 동시 수업의 주제입니다.

이렇게 말하면 시를 너무 팍팍하게 이해하는 것으로 보일지도 모르겠네요. 물론 시를 읽고 얻은 느낌 자체도 소중합니다. 어떤 의미에서 시와 독자는 말로 표현된 것 이상의 느낌 안에서 서로를 만난다고도 할 수 있으니까요. 그런데 느낌에도 이유가 있기 마련입니다.

시를 고른 이유를 물어보면 많은 아이들이 처음에는 "웃겨서요", "슬퍼서요", "따뜻해서요" 같은 말로 표현합니다. 이런 말 앞에 '왠지', '그냥', '뭔가' 같은 말을 덧붙이기도 하죠. 이때 '왜 웃길까?', '어째서 슬플까?', '무엇이 따뜻한 느낌을 주었을까?'라는 질문을 던지고 답을 찾으면 느낌은 줄어들지 않고 오히려 훨씬 더 커집니다.

그렇다면 느낌의 근거는 어디에서 찾아야 할까요? 바로 시어나 시 구절에서 찾으면 됩니다. 시적으로 새롭게 쓰인 의성어, 의태어가 웃음을 자아냈을 수도 있고, 시어가 드러낸 화자의 마음이 슬프게 느껴졌을 수도 있고, 시가 그리는 풍경이 정겹게 다가왔을 수도 있어요.

또 독서교실에서는 좋아하는 시를 소개할 때 먼저 시를 낭송하고, 한 구절 또는 낱말을 골라 거기에서 느낀 점을 말해봅니다. 이 수업을 할 때마다 확인하는 것이 있습니다. 아이들은 이런 방

『축구부에 들고 싶다』

식으로 자신의 감상을 말할 때 자신의 속마음을 더 잘 드러낸다는 것입니다. 한 아이는 시에서 문제아로 손가락질 받는 아이가 하는 말을 공감되는 말로 고르더군요. "저도 1학년 때 그런 마음이었어요" 하고 고백하면서요.

동건이는 동시집 『축구부에 들고 싶다』(성명진 글, 홍정선 그림, 창비)를 읽고 「눈치」라는 시를 골랐습니다. 이 시에는 원하는 게 있어 눈물로 시위하느라 '엄마 어디 계시나 두리번거리며' 우는 동생의 모습이 그려져 있습니다. 동건이는 바로 그 구절이 가장 마음에 든다고 했습니다.

"저희 집에서는 아파트 놀이터가 보여요. 거기서 애들이 놀다가 넘어지면 막 울어요. 그런데 제가 보기엔 그렇게 심하게 다치지 않았거든요. 그래도 꼭 누가 보나 안 보나 찾으면서 울어서 참 웃겼어요. 이 시를 보니까 그게 떠올랐어요."

118

시의 한 부분에 대해 구체적으로 말하면 감상도 구체적으로 표현하게 됩니다. 게다가 동건이는 자신의 경험을 토대로 시를 해석하고 있습니다. 적극적인 감상이죠. 좋은 시는 뜬구름 잡는 말을 하지 않습니다. 고르고 고른 말로 의미 있는 순간을, 삶의 한 조각을 그려냅니다. 아마 동건이는 이 시를 통해 자주 보았던 어떤 순간이 재미있는 시가 될 수 있다는 점을 배웠을 겁니다. 시를 보는 눈도 달라졌겠죠?

둘째, 시를 분석해 말해요

시어 시에 쓰인 말, 말에 담긴 뜻

뿌리

　　　　　　성명진

붓꽃잎 자매는
올해도 옷을
말쑥하게 차려입고 나왔다.
저 아래엔

다정하고 부지런한

어머니가 계시나 보다.

『축구부에 들고 싶다』라는 동시집에 처음 등장하는 시입니다.
이 시를 읽은 아이들은 대체 무슨 말인지 모르겠다고 합니다. 그
래서 시 안에 모르는 말이 있었는지 물었더니 '붓꽃'을 모른다는
겁니다. 사진을 찾아 보여주자 누군가 "아, 정말 말쑥하네요" 합
니다. 다시, 이번에는 함께 한 줄씩 시를 자세히 읽어봤죠.

'올해도'라는 말에는 작년에도, 어쩌면 그 전에도 그 자리에서
꽃이 피었다는 뜻이 담겨 있습니다. '말쑥하게 차려입고'는 꽃이
예뻐서 쓴 말이겠죠. '저 아래엔'은 땅속을 뜻합니다. '다정하고
부지런한'은 해마다 붓꽃잎 자매를 보기 좋게 가꾼 손길을 두고
쓴 말이고요. 그러면 '어머니'는 무엇을 뜻할까요?

"뿌리네요! 뿌리가 어머니라는 거네요. 제목도 뿌리잖아요."

"시인은 어째서 뿌리를 어머니라고 했을까?"

"어머니가 자식들을 키우는 것처럼, 뿌리가 붓꽃잎을 키우니
까요."

"어머니처럼 뿌리도 부지런하다는 뜻도 있어요."

여기에 성찬이가 덧붙였습니다.

"그리고 뿌리처럼 어머니도 자신을 드러내지 않으니까요."

이 말에 다빈이와 동건이가 "와!" 하고 놀랐습니다. 너무나 소중한 순간입니다. 시어 속에 깊은 의미가 담겨 있다는 것을 스스로 깨닫는 순간, 이해의 폭과 깊이는 완전히 달라집니다.

아이들이 '어머니'와 '뿌리'를 연결할 수 있는 것은 어머니와 뿌리의 특징에 비슷한 점이 있기 때문이죠. 이렇게 사물이나 관념을 다른 사물에 빗대어 표현하는 것을 '비유'라고 합니다. 비유는 자연스러워야 합니다. 나뭇가지에서 새잎이 난다고 해서 나뭇가지를 어머니에 비유했다면 이만한 감동을 얻기가 어려웠을 거예요.

독자는 시에서 원관념(어머니)과 보조관념(뿌리)을 찾아내고, 그 연결이 얼마나 자연스러운지 생각하면서 시를 감상합니다. 논리적 사고와 감수성의 거리는 결코 멀지 않습니다.

한편 우리는 생명의 근원, 민족 또는 집안의 근본을 '뿌리'로 표현하기도 하죠. 추상적인 것을 구체적인 사물로 나타내는 것이 '상징'입니다. 아이들과 『용비어천가』의 한 구절 '뿌리 깊은 나무는 바람에 흔들리지 않아, 꽃이 좋고 열매가 많나니'를 읽어보세요. 그리고 여기서 뿌리가 상징하는 것에 대해 말해보세요.

바람과, 꽃, 열매가 상징하는 것이 무엇일지도 생각해보세요. 상징을 배우면 추상적 사고력이 커집니다. 이것 역시 시가 주는 큰 선물입니다.

이미지 **시에서 보이고 들리는 것**

꽃밥

김유진

(『뽀뽀의 힘』수록작)

벚나무 아래서
도시락 연다

송송송 하늘에 맺힌
연분홍 꽃잎

바람 따라 솔솔솔
내려앉는 꽃비

김밥 도시락
꽃밥 되었다

태훈이와 이 시를 외워보기로 했습니다. 태훈이는 처음 소리 내어 읽었을 때는 '송송송', '솔솔솔'이 재미있다고 하더니, 막상 외우려고 하자 어려울 것 같다고 조금 걱정하더군요. 그래서 먼저 시를 그림으로 그리면 어떻게 될지 말해보기로 했죠.

"이 시 속에서 계절은 언제일까?"

"봄이요. 왜냐하면 지금 꽃이 피어 있으니까요."

"날씨는 어떨까?"

"왠지 맑을 것 같아요."

"선생님은 왜인지 알 것 같아. 도시락을 싸 들고 나왔잖아."

"바깥에서(나무 아래서) 먹고요."

"그러네. 나무 아래서 무엇을 보고 있지?"

"도시락이요."

"맞아. 그런데 도시락 연 다음에 '송송송 하늘에 맺힌'이라고 했어."

"올려다보는 건가?"

"그래. 무슨 색이 보이지?"

"연분홍색이요."

"그런데 그때!"

"바람이 불어요! 꽃이 떨어져요."

"모습이 어때?"

"솔솔솔"

"어디로?"

"도시락으로요."

"그래서 '김밥 도시락 / 꽃밥 되었다' 했나 보다. 그런데 이 도시락 무슨 맛일까?"

"김밥 맛도 나고 꽃 맛도 날 것 같아요."

날씨가 좋은 봄날, 나무 아래서 도시락을 열고 하늘을 올려다 보니 하늘에 맺힌 것 같은 꽃잎들이 보입니다. 바람이 불어서 꽃잎이 날리더니 김밥 위에 내려앉습니다. 아름다운 봄 풍경이 눈에 그려지는 듯합니다. 시각적 이미지를 생생하게 살린 덕분이죠. 좋은 시는 이렇게 구구절절 설명하지 않고도 상황을 효과적으로 표현합니다. 이미지를 떠올려 장면을 연결해가며 태훈이는 시를 잘 외울 수 있었습니다.

시를 읽으면서 보이는 것, 들리는 것, 냄새, 감촉, 맛을 찾아보세요. 구체적이고 생생하게 표현하는 방법을 배울 수 있습니다.

첫봄

박고경

(『엄마야 누나야』 수록작, 보리)

땅바닥을
텅!
내려디디면

물숙하니
들어가는
힘나는 첫봄

봄을 맞이해 힘차게 걸어 나가는 아이의 모습이 떠오르지 않
나요? 발을 내딛는 소리가 '텅!' 하고 크게 들립니다. 겨우내 얼
었던 땅이 녹았는지 '물숙하니' 발이 들어간다고 하네요. '물숙하
다'는 무슨 뜻일까요?

이 작품이 발표된 1930년 당시에는 쓰이던 말이었겠지만 지금
은 사전에도 없습니다. 그렇지만 우리는 무슨 뜻일지 짐작해볼
수 있죠. 아이들은 '뭐가 쑥 들어가는 모습', '아니면 그럴 때 나
는 소리', '조금 물컹한 느낌' 같다고 저마다 의견을 내놓았습니

다. 겨울의 단단한 땅을 생각하고 힘차게 발을 디뎠는데 발이 쑥 빠져서 오히려 '힘나는' 첫봄. 소리와 감촉, 기분까지 살아 있는 듯 생생하게 전해집니다.

정서 ## 시의 분위기

시의 분위기에 대해 말해보자고 하면 시에 대한 자신의 느낌을 말하는 아이가 종종 있습니다. 이는 강연에서 만나는 어른들도 마찬가지죠. 그런데 여기서 짚어야 할 것이 있습니다. 독자의 느낌 역시 중요하지만, 그것이 곧 '시의 분위기'는 아니라는 겁니다.

문학 작품을 자유롭게 감상하는 것, 특히 시를 느낌으로 읽는 것만을 강조하다 보면 작품 자체에 대한 이해를 등한시하게 됩니다. 초등학교 때는 그럭저럭 시를 이해하는 것 같았던 아이들이 중고등학교 국어 시간에 시 해석을 두고 쩔쩔매는 경우를 보면 알 수 있죠. '시에서 말하고자 하는 것'과 '내가 느끼는 것'을 혼동하기 때문입니다. 시험 문제를 이해하지 못해 엉뚱하게 푸는 것도 여기서 비롯된 일이고요. 특히 시가 가진 분위기, '시적 정서'와 관련된 문제를 어려워하는 학생들이 많습니다. 물론 문제풀이를 잘하기 위해 시를 읽자고 말하는 것은 아닙니다. 시에서 표현하고자 한 것과 독자 자신이 받은 인상을 구분하자는 것이죠.

조금 딱딱한 말이지만 문학에서 '분위기'는 작품의 밑바탕을 이루는 색조나 느낌을 가리킵니다. 시의 분위기는 시적 화자(시 속에서 말하는 사람)의 태도나 정서에 따라 달라지죠. 이론으로 접근하면 어렵게 보이지만 앞에서 살펴본 것처럼 시어에 담긴 뜻을 생각하고, 시에서 느껴지는 것들을 충실하게 그려보면 분위기를 알 수 있습니다. 다음 두 편의 동시가 각각 어떤 분위기를 담고 있는지 살펴볼까요?

문제 7번

김준현

(『나는 법』 수록작, 문학동네)

다음과 관계없는 것을 고르시오.

정답이라도
관계없는 하나를 골라내고 나면
외로워졌다

쉬는 시간인데
나 혼자 문제를 푼다
아무하고도
관계가 없는 사람처럼

아이들에게 「문제 7번」의 분위기가 어떤지 물으면 "쓸쓸해요", "(주위에 아무도 없어서) 허전해요", "슬퍼요" 하는 다양한 답들이 돌아옵니다. 모두 외로움과 관계된 말들이죠.

그런데 "심심하다"고 한 아이가 있었습니다. 혼자서 문제를 풀면 심심하다는 게 이유였

『나는 법』

는데, 이것은 적절한 감상이 아닙니다.

심심한 것은 지루하고 재미가 없는 것이고, 외로운 것은 의지할 곳이 없어 쓸쓸한 것이죠. 시에서 '나'는 '관계없는 것'을 고르는 문제를 풀면서 외로움을 느끼는 사람이고, 지금도 혼자 문제를 풀고 있습니다. 마지막 연의 '아무하고도 / 관계가 없는 사람처럼'에서는 꽤 깊은 고립감이 느껴집니다. 시어와 이미지에 단서가 있습니다.

나의 꿈

김개미

(『어이없는 놈』 수록작, 문학동네)

나의 꿈은 사육사
포악한 사자를
여러 마리 기르는 것
전봇대만 한 기린과
눈 맞추고 얘기하는 것
사과 같은 원숭이 똥꼬를
수박같이 키워 주는 것
토끼 여섯 마리쯤 뚝딱 먹어 치우는
비단구렁이를 목에 감고 노는 것
나의 꿈은 사육사
얼룩말 똥 정도는 맨손으로 잡는 것

「나의 꿈」의 분위기는 어떤가요? 아이들은 "웃겨요", "재미있어요", "씩씩해요"라고 말합니다. 이유는 "과장이 심해서(기린이랑 눈 맞춘다고 한 것, 비단구렁이를 목에 감고 논다는 것)", "똥꼬라는 말이 웃겨서", "사자를 여러 마리 기른다고 해서"였고요. 저는 이 시의 마지막 행을 좋아해서 외우고 있습니다. 냄새가 날 텐데, 더러울 것 같은데, 이쯤은 별것 아니라는 듯 얼룩말 똥 '정도'는 '맨손'으로 잡을 거라는 호기가 멋지다고 생각합니다. '~는 것'이라는 구절이 반복되어 '나'의 의지가 더 강하게 느껴지죠. 시어와 이미지에 분위기의 단서가 있다는 것을 확인할 수 있겠죠?

『어이 없는 놈』

독후활동

4 동시, 읽고 무엇을 할까?

시를 직접 써봐요

시는 읽고 자신만의 작품으로 간직하는 것이 제일 좋습니다. 하지만 이것만으로 아쉽다면 직접 시를 써보기를 권합니다.

독서교실에서 하는, 간단하면서도 아이들이 가장 좋아하는 활동은 읽은 시의 제목을 빌려와서 자신만의 시를 쓰는 것입니다. 단, 그 시의 주제나 기법과 관련된 규칙을 한 가지 더하기로 합니다. 제약이 있을 때 오히려 창의성이 발휘되기도 하니까요.

- 「호주머니」라는 제목으로 '갑북갑북'처럼 모양을 나타내는 말을 포함해 쓸 것
- 「첫봄」이라는 제목으로 소리나 촉감이 느껴지게 쓸 것
- 「나의 꿈」이라는 제목으로 '~하는 것' 형식으로 쓸 것

시 쓰기를 어려워하는 아이라면, 시에서 마음에 들었던 말을 골라 짧은 글짓기(문장 쓰기)를 해봐도 좋습니다.

- 「꽃밥」을 읽고 '송송송' '솔솔솔'이 들어가는 문장 만들기
- 「문제 7번」을 읽고 '외로워졌다'로 끝나는 문장 만들기
- 「나의 꿈」을 읽고 사자, 기린, 원숭이, 토끼, 비단구렁이, 얼룩말 중에서 두 마리 동물이 등장하는 문장 만들기

3장

생각을
키우는

동화
말하기

1 동화 말하기는 자신의 생각을 발견하게 해요

우리는 흔히 아이에게 생각을 말해보라고 합니다. 그런데 온전히 정리된 생각을 요령 있게 말로 표현하기란 어른에게도 쉽지 않은 일입니다. "(생각이 있기는 한데) 그걸 어떻게 표현해야 할지 모르겠어요"라는 고민은 비단 아이만의 것은 아니지요.

분명 머릿속에 있는 내 생각인데 표현하기 어려운 이유는 뭘까요? 생각이 뚜렷하지 않아서일 수도 있고, 어떤 순서로 말해야 할지 몰라서일 수도 있고, 적절한 어휘를 찾지 못해서일 수도 있습니다. 그런 의미에서 말하기는 생각을 표현하는 것을 돕는 훌륭한 장치입니다. 그래서 발표를 위한 말하기만이 아닌, 생각을 정리하기 위한 말하기가 필요한 거죠. 그리고 동화책 말하기가 그것을 돕습니다.

일단 동화책을 읽고 줄거리에 대해 말해보면 내용을 잘 이해했는지 확인할 수 있습니다. 이때 독서퀴즈에나 나올 법한 지엽적인 질문 대신, 주요한 갈등이나 핵심 사건과 관련된 질문을 던지면 아이는 답하면서 모호했던 부분을 다시 잘 기억하게 되죠. 이런 연습은 책을 읽을 때 기억해야 하는 것이 어떤 건지 알려주기도 합니다.

나아가 스스로 질문하고 답하면서 읽을 수 있게 됩니다. '어떻게 될까?', '왜 이렇게 말할까?', '앞 장면과 어떻게 연결될까?' 하는 질문을 품고 책을 읽는 거죠. 이렇게 집중해서 읽으면 이해력이 높아지고, 나아가 독서의 즐거움을 느낄 수 있습니다. 작품에 쓰인 다양한 어휘를 활용해보고, 인물의 행동이나 사건 개요를 문장으로 설명하면서 어휘력과 문장력을 키우는 것도 줄거리 말하기의 장점입니다. 무엇보다도 줄거리를 잘 요약하면 주제에 접근하기가 쉬워집니다. 주제는 주요 갈등, 핵심 사건을 통해 드러나기 때문이죠.

동화의 인물과 배경을 이해하는 것도 주제를 찾는 데 중요한 요소입니다. 앞서도 말했지만 그 인물이 그렇게 말하고 행동하는 데는 반드시 그럴 만한 이유가 있습니다. 그 이유를 생각해보면 작가가 하고 싶어 하는 말을 짐작할 수 있죠. 동화의 배경을 짚어보면 시대적, 사회적 환경을 이해하게 됩니다. 작가가 특정 시공간을 배경으로 설정한 것은 꼭 그래야만 했던 이유가 있기 때문이니까요.

여기서 중요한 점은 주제가 '작가가' 하고 싶은 말이라는 것입니다. 우리는 작가가 하는 말에 공감할 수도 있고, 다른 식으로 생각을 정리해볼 수도 있습니다. 작가의 생각과 나의 생각을 비교하는 과정 자체에 큰 의미가 있습니다. 책을 읽으면서 품은 생각을 구체적인 말로 표현해보면 아이 스스로 자기 생각을 알 수 있고, 또 정리할 수 있습니다. 표현한 것이 곧 생각이 되는 것입니다. 동화의 주제가 독자로 하여금 '머릿속의 생각'을 말하도록 촉진하는 셈이죠.

동화책 말하기의 가장 좋은 점은 이야깃거리가 풍성해진다는 것입니다. 페리 노들먼은 "문학의 즐거움은 대화의 즐거움이다. 독자와 텍스트 사이의 대화, 텍스트에 대한 독자와 다른 독자와의 대화 말이다"라고 했습니다(『어린이문학의 즐거움』, 시공주니어). 동화라는 문학 작품 안에서 아이와 아이, 아이와 어른은 마주 보고 이야기를 나눌 수 있습니다.

그러므로 아이와 함께 책을 읽는 어른에게 두 가지만 꼭 당부하고 싶습니다. 하나는 되도록 아이와 함께 동화를 읽자는 것입니다. 모든 동화를 함께 읽을 수는 없어도 아이와 깊은 대화를 나누고 싶은 동화가 있다면 반드시 함께 읽어주세요. 부득이한 사정으로 못 읽었다면 아이에게 '이야기를 청한다'는 마음으로 최선을 다해 들어주면 됩니다.

또 하나는 동화가 어른에게는 단순해 보일지라도 아이에게는 그렇지 않다는 사실을 기억하자는 것입니다. 아이는 어른과 달리 동화 전체의 내용을 파악하기가 어렵습니다. 주제를 파악하는 건 더더욱 더딜 수 있고요. 어른은 더 많이 읽고, 더 많이 겪고, 더 많이 생각한 사람입니다. 아이가 서툴다는 것은 경험이 적다는 것이지 능력이 없다는 뜻은 아닙니다. 아이를 채근해서도 얕잡아 봐서도 안 됩니다.

2 동화책, 어떻게 읽을까?

첫째, 글자가 많아서 어렵다는 건 오해!

대부분의 아이들은 초등학교 1~2학년 무렵 동화책을 읽기 시작합니다. 이때쯤이면 글자도 익혔고, 학교에서 교과서를 보기도 하니 어느 정도 '읽을 준비'가 된 것으로 보이죠. 그런데 그림책을 좋아하던 아이가 동화책에는 흥미를 붙이지 못하는 경우가 많습니다. 왜 그럴까요?

상담에서 만나는 부모님들은 "글자가 많아지니까 읽기를 귀찮아한다"라며, "읽어주면 좋아하면서 혼자 읽는 건 싫어한다"

고 말씀하시곤 하는데, 제 생각은 조금 다릅니다.

'글자가 많다'는 것만이 동화책과 그림책의 다른 점은 아닙니다. 오히려 '글로 쓰여 있다'는 사실 자체가 중요한 차이를 만들어냅니다. 그림책의 언어가 '그림'이라면, 동화책의 언어는 '글'입니다. 그림책을 읽을 때 그림을 감상하고 이해해야 하는 것처럼, 동화책을 읽을 때는 글에서 느낌과 생각을 얻어야 합니다.

동화책에서 이야기를 끌고 가는 것은 '글'입니다. 동화책의 그림은 내용이나 분위기 이해를 돕기 위해 들어가는, 말 그대로 '삽화(挿畫)'입니다. 아무리 많이 들어가도 그 역할은 한정적이라는 얘기죠.

바꿔 말하면 그림책과 동화책이 꼭 자연스럽게 연결되는 관계는 아니라는 겁니다. 그림책을 잘 읽었으니 동화책도 잘 읽을 거란 건 어른들의 생각일 뿐입니다. 물론 그림책과 좋은 관계를 맺었던 아이라면 동화책을 더 잘 읽을 가능성이 높긴 하지요. 이건 그림책이 낮은 단계이고, 동화책이 높은 단계여서가 아니라 책과 이야기에 대한 감각을 그림책을 통해 충분히 익혔기 때문입니다. 그림책은 글의 양이 적어서 쉽고, 동화책은 글의 양이 많아서 어려운 게 아닙니다. 관건은 글의 양이 아니라 '글을 이해할 수 있는가'입니다.

한 가지만 더 짚고 넘어가겠습니다. 글자를 아는 아이라고 해서 글을 이해할 수 있는 것은 아닙니다. 낱말과 문장, 문맥을 이해하려면 연습이 필요합니다. 읽은 내용의 뜻을 생각하고, 머릿속에 그림을 그려보고, 자신의 이해가 맞는지 확인하면서 계속 읽어갈 때 비로소 읽기 능력이 길러집니다.

아이가 동화 읽기를 '귀찮아'하는 것처럼 보이는 것은 읽기에 필요한 사고 과정을 어려워하고 있기 때문입니다. 이런 아이를 달래기 위해 그림이 많이 들어간 책을 권하면 어떻게 될까요? 그림에 기대어 동화책을 읽게 하는 결과를 낳습니다. 내용을 잘 이해할 리가 없죠.

글을 이해하기 어려워하는 아이라면 글 읽는 연습부터 다시 시작해야 합니다. 분량이 짧더라도 글을 읽어야만 내용을 따라갈 수 있는 책을 읽게 해야 합니다. 이때 동화책을 소리 내어 읽어주는 것도 큰 도움이 됩니다.

특히 저학년 아이의 독서에는 '듣기'가 포함된다고 생각하는 편이 좋습니다. 자신보다 능숙한 독자가 읽는 것을 들으면서 읽는 방법을 배울 수 있기 때문입니다. 문장과 문맥을 이해하기도 쉬워지죠. 듣기 자체가 생활과 학습에 필요한 훈련이기도 합니다. 읽어주는 것을 좋아하는 아이라면 계속 읽어주는 것이 좋습니다.

이렇게 해서 글만으로도 충분히 이야기를 상상하고 즐길 수 있게 되면 아이의 독서에 새로운 세계가 열립니다. 그림책의 세계가 한 단계 진화하는 것이 아니라 새로운 공간이 창조되는 겁니다. 글자로 되어 있지만 그림보다 생동감 있는 세계, 자신의 힘으로 그려냈고 자신만 아는 독립된 세계지요.

『위풍당당 질리 홉킨스』(캐서린 패터슨 글, 비룡소)에는 삽화가 없습니다. 240여 쪽에 이르는 짧지 않은 이야기를 글의 힘으로만 읽어내야 합니다. 4학년 아이들과 이 책을 읽기로 했을 때 조금 걱정이 되었죠. 그런데 걱정을 미리 내비치면 아이들이 동요할까 봐 그림에 대한 이야기는 굳이 하지 않았습니다. 그런데 세준이, 동준이, 다은이 모두 책을 아주 재미있게 읽었다고 할 뿐, 그림에 대해서는 아예 말이 없었습니다. 제가 이 책에 그림이 없어서 읽기에 어렵지는 않았는지 묻자 그제야 깜짝 놀라더군요.

"아니에요. 그림 있었던 것 같은데? 아, 표지에만 있구나!"
"그림 없다고는 생각도 안 하고 읽었어요. 이거 반전이네요!"
"저는 다른 책보다 머릿속에 더 그림이 잘 떠올랐어요. 작가가 글로만 설명하려고 일부러 더 자세히 썼나 봐요."
"선생님은 생각이 좀 다른데. 동화에 그림을 넣을지 말지는 보통 원고를 다 쓴 다음에 결정하거든. 책을 읽을 때 그림이 없으니까 다들 열심히 머릿속에 그림을 그려보았을 거야. 그래서 더 생생하게 떠올랐겠지."

아이들은 놀라서 말 그대로 입을 떡 벌렸습니다. 그게 다가 아닙니다. 머릿속에 그린 풍경은 저를 포함해 네 사람 모두 달랐습니다. 그렇게 다른 풍경을 품고도 같은 이야기, 『위풍당당 질리홉킨스』에 대해 의견을 나눌 수 있었고요.

아이는 동화를 읽으면서 글을 통해 작가를 만납니다. 글로 표현된 작가의 생각을 만납니다. 그리고 자신의 생각과 비교하거나 독자들끼리 생각을 나누기도 합니다. 그렇게 아이는 '읽는 사람들'의 세계로 초대됩니다. 아이가 동화를 읽는 것은 문학이라는 세계의 일원이 되는 것이라고도 할 수 있습니다.

둘째, 다양한 인물에 공감하며 읽어요

동화는 이야기 문학입니다. 이야기는 우리에게 간접 체험이라는 근사한 선물을 안겨주죠. 이야기 덕분에 우리는 앉은자리에서 세계 곳곳을 여행하고, 거친 모험을 안전하게 즐기며, 과거와 미래를 가뿐하게 넘나듭니다. 동화를 읽으면서 아이는 세상이 어떻게 돌아가는지 배우기도 합니다. 무엇보다 동화를 통해 다

144

른 사람의 마음속에 들어가볼 수 있습니다.

좋은 동화에서는 주인공뿐 아니라 모든 인물이 각자의 사정에 따라 생각하고 움직입니다. 그래서 아이는 동화를 읽으면서 여러 사람의 입장이 되어볼 수 있죠. 일상에서도 필요한 태도지만 말처럼 쉽지 않고, 그럴 기회도 별로 없습니다. 동화 속에서는 종종 도무지 이해되지 않는 인물을 만나기도 합니다. 그것도 좋은 일입니다. '저마다 이유가 있다'는 것을 알면 이해가 안 되는 인물도 받아들일 수 있기 때문이죠. 이게 바로 '공감'입니다.

흔히 공감 능력이란 다른 사람의 감정을 헤아리고, 소통을 위해 공통점을 찾는 기술이라고 말합니다. 그런데 먼저 이해하려는 태도를 가져야 진심으로 남과 공감할 수 있지 않을까요? 그렇게 되면 아이도 타인에게 이해받을 수 있다는 믿음을 가지고 건강한 관계를 가꿔갈 수 있을 것입니다.

동화가 다루는 다양한 주제는 아이로 하여금 인생과 세상에 대한 전망을 갖게 합니다. 주인공이 어려운 일을 이겨내고 앞으로 나아가는 이야기, 진정한 가족의 의미를 생각하게 하는 이야기, 소수자에 대한 편견을 깨고 인간다움을 성찰하게 하는 이야기, 시대와 사회의 문제를 고민하게 하는 이야기…… 동화를 읽으면서 아이는 옳고 그른 것을 판단할 수 있는 능력을 기르고, 가치 있는 삶을 살아갈 용기를 얻을 수 있습니다.

좋은 동화는 이러한 주제를 '잘 짜인 이야기'에 녹여냅니다. 그렇기에 동화에서 '이야기'를 이해하는 것과 '주제'를 찾는 것은 일맥상통한다고 볼 수 있습니다.

3 동화책, 읽고 무엇을 말할까?

줄거리

첫째, 줄거리를 이해하고 말해요

의외로 많은 분들이 '동화책을 읽고 줄거리를 정리해야 한다'
는 말에 의문을 품습니다. 독서 혹은 논술 프로그램이나 독서기
록장 쓰기 지도에서 흔히 강조하는 '줄거리를 쓰지 말고 자기 생
각을 써야 한다'는 주장에 익숙해진 탓입니다. 그런데 줄거리를
쓰지 말라는 말은 '주관이 드러나는 글'을 써야 한다는 뜻이지,

작품의 내용이 중요하지 않다는 뜻은 아닙니다.

그리고 주관만으로 좋은 글이 완성되는 것도 아니지요. 느낌과 생각이 힘을 얻으려면 적절한 근거가 뒷받침되어야 합니다. 그렇다면 동화를 읽은 뒤 생기는 주관의 근거를 어떻게 찾을까요? 바로 줄거리에서 찾으면 됩니다.

동화는 이야기 문학이기 때문에 줄거리가 중요합니다. 이는 세세한 내용을 나열하거나 단순히 내용을 줄여서 말하라는 게 아니라, 전체적으로 어떤 이야기인지 파악하고 중요한 내용을 짚어 말할 수 있어야 한다는 뜻입니다. 그러려면 이야기의 주된 갈등, 사건의 선후 관계, 등장인물의 특징을 이해하고 기억해야 합니다.

『뻥이오. 뻥』

아이와 함께 줄거리를 정리해 말해보세요. 『뻥이오, 뻥』(김리리 글, 오정택 그림, 문학동네)은 삼신할머니의 실수로 말귀를 못 알아듣게 된 순덕이 이야기를 그리고 있습니다. 이 동화를 읽은 한 아이는 줄거리를 정리할 때 순덕이가 친구들과 잘 대화하지 못

148

하는 이유를 '잘 듣지 않아서'라고 말하더군요. "잘 듣지 않아서일까, 잘 못 알아들어서일까?" 하고 다시 물었더니, 이번에는 "잘 (제대로) 못 들어서요"라고 답했습니다. '듣지 않음 / 듣지 못함', '알아들음 / 들음'의 차이를 생각하지 않고 읽었으니 이야기의 핵심 내용을 이해할 수 없었던 거죠.

대화를 더 나눠보니 이 아이는 말과 말귀의 차이를 모르기도 했습니다. 이럴 때 정보를 수정하고 다시 읽지 않으면 작품에 대해 이야기하는 것이 의미가 없습니다.

줄거리를 말하다 보면 어떤 내용이 더 중요한지 찾아내는 법도 배울 수 있습니다. 동화를 읽고 곧장 줄거리를 적으려면 어디서부터 시작해야 할지 막막하죠. 그럴 때 많은 아이들이 '인상적이었던 장면'을 먼저 소개하는데, 그러다 보면 주요 사건과 관계없는 엉뚱한 내용이 줄거리 대부분을 차지하기 십상입니다.

예를 들어 『뻥이오 뻥』에서 생쥐가 뻥튀기 할아버지로 변신해 '뻥' 소리로 순덕이의 막힌 구멍을 뚫어주는 장면은 아이들이 좋아하는, 재미있는 부분입니다. 그렇지만 이야기의 핵심이 되는 장면은 아니죠. 구멍이 너무 크게 뚫린 탓에 순덕이가 동물들의 말까지 알아듣게 되고, 그 바람에 친구들에게 거짓말쟁이로 몰리게 된 것이 더 중요합니다. 이후 이 문제는 순덕이가 '이야기꾼'이 됨으로써 해결됩니다. 줄거리를 정리하면 이야기의 핵심을 파악하게 되고, 이는 곧 작품의 주제와 연결됩니다.

또 줄거리를 정리하다 보면 내용을 요약하는 법을 익힐 수 있습니다. 줄거리 정리에 서툰 아이들은 책의 앞부분은 자세히 말하다가 뒤로 갈수록 설명이 엉성해집니다. 사건을 설명하다가 "아, 그런데 그 전에 무슨 일이 있었냐면", "원래 그게 뭐였냐면" 하는 식으로 보충하느라 두서가 없어지기도 하고요. 그에 비해 잘된 요약은 그 자체로 잘 짜인 이야기가 됩니다.

이야기 전체를 보는 눈으로 중요한 내용을 골라서 순서에 맞고 완결성 있게 줄거리를 정리해보세요. 이렇게 재구성된 줄거리는 아이 자신의 콘텐츠가 됩니다. 요약하는 능력은 동화를 읽을 때뿐 아니라 어려운 대상을 이해할 때, 많은 정보를 다룰 때도 도움이 됩니다. 학습 능력과 연결되는 것은 물론이고요.

둘째, 세 가지 방법으로 줄거리를 정리해요

단어 단어 찾기

2학년 현성이는 스스로 책을 좋아한다고 말합니다. 부모님도 아이가 도서관에서 시간 보내기를 가장 좋아하고, 책도 많이 보는 편이라며 내심 뿌듯해하셨고요. 다만 읽은 책에 대해 말해보라고 하면 잘 못하니 발표력을 키우면 좋겠다는 바람을 가지고 저를 찾아오셨습니다.

그런데 막상 책을 읽고 이야기를 나누어보니 현성이의 문제는 발표력이 아니었습니다. 줄거리를 사실과 다르게 기억하기도 하고, 내용을 묻는 질문에 추측으로 답할 때가 많았습니다. 주인공이 어떤 행동을 한 이유가 책에 나와 있는데도 기억을 못 하고, 자기 짐작으로 말하는 식이죠. 집중력이 부족한 탓도 있지만 그보다는 삽화를 중심으로 동화를 봤던 것이 큰 문제였습니다. 동화의 삽화는 그림책의 그림들처럼 서로 연결되지 않거든요. 듬성듬성 글을 보면서 그림으로 빈 부분을 채우다 보니 내용이 뭔지 이해가 안 되고, 결국 반쯤은 짐작으로 읽어왔던 것입니다.

이렇게 하면 책을 빨리 볼 수 있기는 하죠. 부담도 적고요. 그래서 책을 좋아하고 많이 읽는데 이해는 잘 못하고 있는 상황에 처한 것입니다. 안타깝지만 이런 아이들이 의외로 많습니다.

이야기의 단편적인 부분도 잘 파악하지 못하는 아이라면 곧장 줄거리 정리로 들어가는 것보다 내용을 이해했는지 확인하는 과정을 거치는 것이 먼저입니다. 그렇다고 갑자기 시험 보듯 꼬치꼬치 내용을 물으면 책을 좋아하는 마음마저 잃기 쉽겠죠. 그럴 때 독서교실에서는 '단어 찾기'를 합니다. 해당 책을 소개할 때 꼭 들어가야 되는 단어를 떠올려 적어보는 거죠. 단어의 개수는 책의 분량과 아이 수준에 따라 조절합니다. 그리고 적은 단어들을 키워드 삼아 책을 소개하는 연습을 해봅니다.

현성이와 『벽장 속의 모험』(후루따 타루히 글, 타바따 세이이찌 그림, 창비)을 읽었을 때는 핵심 단어 일곱 개를 찾아 적어보기로 했습니다. 이 책은 유치원에서 싸운 벌로 벽장에 갇힌 아끼라와 사또시가 그 벽장 안에서 쥐할멈에 맞서 모험을 펼치는 이야기입니다. 나중에 아이들을 꺼내 주며 선생님은 사과를 하고, 두 아이는 다른 아이들의 영웅이 됩니다. 80쪽짜리 판타지 동화로 저학년 아이들이 좋아하는 책이죠. 현성이는 책을 다 읽고, 일곱 개로는 부족하다며, 총 열두 개의 단어를 적었습니다.

벽장 쥐할멈 선생님 생쥐 아이들 자동차
기차 벚꽃 유치원 걱정 배려 잠옷 상상

핵심 단어가 너무 많으면 말이 산만해집니다. 이 안에서 줄거리와 직접 연결되는 단어만 다시 고르기로 했습니다.

'벚꽃 유치원'은 이야기의 배경이지만 유치원 이름 자체가 중요하지는 않습니다. '잠옷'은 사또시의 옷차림입니다. 낮잠 시간에 싸우고 벌을 받느라 잠옷 바람인데, 그림에서 그 점이 인상적이었던 모양이네요. 하지만 줄거리와 꼭 관련 있는 말은 아니어서 빼기로 했습니다. '배려'와 '상상'은 줄거리가 아니라 현성이의 느낌과 관련된 말이라, 줄거리 말하기가 끝난 다음에 사용하기로 했습니다. 그러면 여덟 개의 단어가 남습니다.

선생님 아이들 벽장 쥐할멈 생쥐 자동차 기차 걱정

이제부터가 중요한 단계입니다. 이 단어들을 엮어서 말을 만들어보는 거죠. 현성이는 "~했는데, ~해 가지고" 등을 사용해 길게 말하는 습관이 있습니다. 문장을 끊어서 말하도록 유도하고, 줄거리를 구성하기 쉽도록 사용할 단어의 순서를 정해주는 것은 제 몫입니다.

"아이들이 낮잠 시간에 싸워서 선생님이 아이들을 벽장에 가두었어요. 그런데 거기에 쥐할멈이 있었어요. 그리고 생쥐들이 쫓아왔어요. 아이들이 자동차랑 기차를 타고 도망가고 싸웠어요. 밖에서 선생님이 걱정했어요. 다른 아이들도 걱정했어요. 아이들이 밖으로 나왔을 때 선생님이 잘못했다고 했어요. 그리고 아이들은 다 같이 벽장에 들어가서 놀았어요. 이 책을 읽으니까 상상력이 멋지고, 둘이 서로 배려한 게 잘한 것 같아요."

"정말 잘했다! 이 책을 안 읽은 사람들도 읽고 싶어질 것 같아. 현성이는 기분이 어때?"

"엄청 잘했어요!"

'단어 찾기'는 책을 읽을 때 글에 집중하는 것을 돕고, 중요한 장면을 기억하게 하는 효과가 있습니다. 말하기와 글쓰기의 단서가 되기도 하죠. 단어를 채워 넣는 형식으로 줄거리 정리를 연습할 수도 있습니다.

> 순덕이는 (　　)를 잘 못 알아들어서 학교에서 놀림을 받아요. 이렇게 된 건 (　　)가 순덕이 귓구멍에 입김을 제대로 불어넣지 않아서예요. (　　)는 심부름꾼 생쥐를 보내 순덕이 귓구멍을 뚫어주게 했는데, 이번에는 너무 (　　) 뚫려서 문제였어요. 순덕이는 개구리랑 토끼가 하는 말도 다 알아듣게 되었어요. 그런데 이번에는 아이들이 순덕이를 (　　)이라고 놀리는 거예요. 순덕이는 동생 순미가 아팠을 때 동물들에게 들은 이야기를 (　　)라고 하면서 들려주었어요. 그래서 순덕이 별명은 (　　)이 되었어요.
>
> (『뺑이오 뺑』줄거리)

[괄호 안에 들어갈 말]

말귀 삼신할머니 삼신할머니 크게

뺑쟁이 옛날이야기 이야기꾼

빈 칸을 채우면 이야기의 키워드가 드러납니다. 순덕이 동생 이름 같은 사소한 정보를 맞힐 필요는 없습니다. 기억하는 것이 의미 있는 단어들을 채워 넣어야 합니다. 더 중요한 것은 빈 칸을 채운 다음 처음부터 끝까지 소리 내어 읽어보는 것입니다. 독서교실에서는 반드시 이 과정을 거칩니다. 그렇게 해야 스스로 기억한 단어들이 중요한 역할을 해서 줄거리로 정리되는 것을 확인할 수 있기 때문이죠. 아이는 어떻게 하는지 봐야 배울 수 있습니다. 좋은 예를 보여주면서 아이가 따라 할 수 있게 해주세요.

말머리와 이음말 말머리와 이어주는 말로 도와주기

말머리를 제시하고 이어질 말을 만들게 하면 문장으로 말하기가 더욱 쉬워집니다. 말한 것을 글로 쓰면 줄거리를 한눈에 확인할 수 있고요. 단순히 질문에 답하라는 것보다 '완성하기'라는 점에서 아이의 부담도 적은 편이죠.

『책 먹는 여우와 이야기 도둑』(프란치스카 비어만 글과 그림, 주니어 김영사)을 현성이와 함께 정리했습니다. 밑줄 친 부분은 현성이가 말하고 적은 것의 일부분입니다.

1 여우 아저씨의 제일 큰 특징은 책을 먹는다는 것입니다.
2 여우 아저씨의 직업은 작가예요. 자기가 직접 써요. 자기 책
  이 제일 맛있어요.
3 아저씨의 친구는 빛나리 아저씨예요.
4 최근에 어떤 일이 있었냐면, 도둑을 맞았어요. 이야기 수첩이
  랑 물건들이 모두 없어졌어요.
5 여우 아저씨는 범인을 잡으려고 지하로 내려갔어요. 빛나리
  아저씨가 도와줬어요.

처음 현성이는 '최근에 어떤 일이 있었냐면' 다음에 "책이 하
나도 없어졌어요"라고 답했습니다. 틀린 답입니다. 우선 없어진
것은 그냥 책이 아니라 이야깃감을 모아 놓은 수첩이고, 책 쓰는
데 도움이 될 듯해 모아둔 물건들도 모두 사라졌죠. 그리고 '하
나도 없어졌다' 대신 '모두 없어졌다'라고 하는 것이 어법에 맞
습니다. 이렇게 책 내용과 다르거나 부정확하게 말한 항목이 몇
군데 더 있었습니다.

줄거리를 한꺼번에 말하거나 쓰게 했다면 처음부터 다시 하느
라 저도 현성이도 애를 먹었을 거예요. 이렇게 되면 배우는 입장

에서는 의욕을 잃기 쉽죠. 문장 단위로 끊어서 말하면 오류를 바로잡기도 쉽고, 뒤의 문장들을 완성해갈 때 비슷한 실수를 줄일 수도 있습니다.

또 말머리를 미리 만들어두고 말하게 하면 아이가 길을 잃을 염려도 줄어듭니다. 말머리만 먼저 읽어보면서 어떤 식으로 줄거리를 정리할지 감을 잡을 수 있으니까요. 먼저 말하고 말한 것을 글로 쓰기 때문에 부담이 훨씬 적습니다. 이때도 중요한 것은 처음부터 끝까지 소리 내어 다시 읽어보는 것입니다. 한편 문장 전체를 아이 스스로 만들 때, 나아가 전체 줄거리를 혼자 말하게 될 때는 적절한 이음말로 개입하면 됩니다. 4학년 지오는 책을 꼼꼼하게 읽는 아이입니다. 그런데 줄거리를 말할 때면 세세한 부분까지 얘기하느라 힘들어하고, 종종 주요 사건에서 멀어지기도 합니다. 지오의 이야기가 제자리를 맴돌 때, 또는 다른 길로 가려고 할 때는 제가 '그런데 그때!', '이번에는', '그만 실수로', '다행히', '결국' 같은 이어주는 말로 끼어들곤 합니다. 주의를 환기시키고 과제에 집중하게 만들기 위해서죠.

아이가 무엇을 배울 때 '자기 힘으로' 하는 것을 강조하거나 창의적인 결과물을 중요하게 여겨서 무엇이든 혼자 해보도록 가르치는 분들도 있습니다. 저 역시 큰 틀에서는 그 교육 방식에 동의하지만, 때로는 그보다 '잘해본 경험치'를 쌓는 것이 중요하다고 생각합니다.

누군가를 따라 해도 좋고, 선생님이나 부모님의 도움을 받아도 좋습니다. 잘 만들어본 경험이 있어야 혼자서도 잘할 수 있습니다.

다른 기술을 배울 때도 그렇듯이 아이가 읽기, 말하기, 글쓰기를 익힐 때도 본보기가 필요합니다. '말머리와 이어주는 말로 개입하기'는 베테랑 연주자와 초보 연주자가 곡을 함께 연주하는 것과 같습니다. 도움과 자극을 받은 초보 연주자가 혼자 연습하는 사람보다 유리하겠죠?

`이야기산` 목적지는 '이야기산'

5학년 세진이는 매주 여러 권의 책을 읽습니다. 학교와 학원 일정이 빠듯해도 어떻게든 시간을 내어 책을 읽죠. 어머니가 "자기 말로는 쉬면서 읽는 거라고 하지만, 어떤 때 보면 책 읽으려고 숙제를 빨리 하는 것 같아요"라고 내심 흐뭇해하며 얘기하신 적도 있습니다. 자는 줄 알았는데 이불 속에 들어가 스탠드를 켜고 책을 읽고 있을 때도 있답니다. 한번은 친구네 가족과 여행을 갔는데, 신나게 물놀이를 하고 쉬는 시간에 혼자 숙소 휴게실에 꽂힌 책을 보고 있더랍니다. 친구 어머니가 "피곤할 텐데 쉬지 그러니" 하자 세진이는 "지금 쉬는 거예요" 하고 대답했고요.

세진이는 학교 성적도 좋습니다. 이 이야기를 전해드리면 '역시 책을 많이 읽어서 지식이 많아 공부도 잘하는 거겠네!' 생각하는 분도 계시겠죠? 그런데 세진이가 읽는 것은 대부분 이야기책입니다. 세진이는 동화를, 특히 긴 동화를 좋아합니다. 읽을 책이 여러 권 있을 때 제일 긴 책은 아꼈다가 제일 나중에 읽는다면서 세진이는 이렇게 덧붙였습니다.

"이야기가 길면 길수록 재미있거든요."

여기에 세진이가 말한 '휴식'의 비밀이 담겨 있습니다. 세진이에게는 스마트폰 게임보다, 동영상 채널보다, 만화책보다 '긴 이야기'가 재미있는 것입니다.

동화 읽기의 핵심은 '재미'입니다. 그것을 아는 아이라면 긴 이야기가 더 재미있게 느껴집니다. 이야기가 길수록 배경이 더 상세히 묘사되고, 인물들이 더 입체적으로 그려져 몰입이 잘되거든요. 또 사건이 얽혀 있을수록 결말을 예측하기 어렵습니다. 그런 이야기를 읽는 즐거움은 너무나 큽니다. 그러니 세진이 말대로 이야기가 길면 길수록 재미있는 거죠.

그런데 장편동화는 줄거리를 정리하는 일이 쉽지 않습니다. 길어서가 아니라 복잡하기 때문이죠. 좋은 작품일수록 더 그렇습니다. 인물이며 사건들이 긴밀하게 얽혀 있기 때문에 설명할 것도 많습니다. 때로는 이야기가 너무나 흥미진진해 오히려 핵심 사건을 알아차리기 어려울 때도 있고요. 그래서 더더욱 줄거리 정리가 필요한 겁니다. 줄거리를 정리함으로써 자신이 읽은 것이 어떤 이야기였는지 명백히 드러나기 때문이죠.

이때 유용한 것이 바로 '발단-전개-위기-절정-결말'이라는 틀입니다. 고학년 아이들에게 이 얘기를 꺼내면 학교에서 배웠다면서 어렵고 재미없다고 생각합니다. 용어와 순서도 헷갈리고 이야기를 이렇게 구분하는 일이 딱딱하게 여겨지니까요. 그래서 독서교실에서는 아이들에게 '이야기산'이라는 말로 바꿔 설명합니다.

'발단'은 등산로 입구입니다. 동네 뒷산이든 한라산이든 에베레스트 산이든 등반이 시작되는 위치죠. 우리는 산의 위치도 대략적으로 알고, 어떤 산일지 짐작도 하지만 아직 본모습은 알지 못합니다. 그저 산이 높을지, 낮을지, 오르기 쉬울지 어려울지 생각하면서 두루 둘러보며 등산을 시작하죠. 날씨가 좋지 않거나 산의 분위기가 마음에 들지 않으면 돌아올 수도 있겠죠. 아무튼 입구까지는 가야 산에 오를지 말지 결정할 수 있습니다. 발단은 이야기가 시작되는 구간입니다. 놀부와 흥부가 오순도순 살면 이야기가 시작되지 않습니다. 놀부가 흥부를 쫓아내야 등산이 시작됩니다.

'전개'는 상쾌하게 산을 오르는 구간입니다. 나무도 구경하고 계곡 물소리도 듣고 '이 산은 바위가 많구나!', '저기 방금 청설모 지나간 거 맞나?' 주위를 둘러보며 여유 있게 산을 오릅니다. 새로운 풍경이 마음에 들 때도 있고, 길이 생각보다 고르지 않아서 조금 걱정이 될 수도 있습니다. 그래도 이 산이 궁금해서 더 가보기로 합니다. 전개는 이야기가 본격적으로 펼쳐지는 구간입니다. 가난한 흥부가 제비 다리를 고쳐주었더니 제비가 박씨로 보은을 합니다. 이 산은 착한 흥부에게 좋은 일을 가져다주는 기분 좋은 산이네요.

'위기'는 등산이 갑자기 어려워지는 구간입니다. 눈앞에 백 개가 넘는 계단이 나타납니다. 다리도 아프고 숨도 차서 너무 힘들지만 이제 와서 돌아갈 수도 없습니다. 계속 올라가면 대체 어떤 풍경이 있을지 궁금하기도 하고요. 확실히 아래보다 바람도 시원하고, 이만큼 올라온 것이 기쁘기도 해 누가 이기나 보자 하는 심정으로 더 올라가 보기로 합니다. 위기는 말 그대로 사건이 위태로워지는 구간입니다. 놀부가 멀쩡한 제비 다리를 부러뜨립니다. 이야기가 대체 어떻게 진행될지 더 지켜볼 수밖에 없습니다.

'절정'은 산꼭대기입니다. 계단 구간을 지나서 마지막으로 아슬아슬한 바위 몇 개를 타고 올라야 합니다. 정상에 서면 비로소 여태 올라온 길 전체가 보입니다. 멀리 펼쳐진 풍경은 이 산이 있는 자리를 가늠하게 합니다. 이 산이 어떤 산인지 알게 되는 것입니다. '절정'은 갈등이 최고조에 이르고 돌이킬 수 없는 변화가 일어나는 구간입니다. 여기에 주제, 즉 작가가 하고 싶은 말이 담겨 있습니다. 놀부에게도 박씨가 주어집니다. 놀부 부부가 박을 탑니다. 이제는 돌아갈 수가 없죠. 그리고 이 박에서는 온갖 두려운 것들이 쏟아져 나옵니다.

'결말'은 내리막길입니다. 올라올 때는 산을 구경하는 재미가 있었지만 내려갈 때는 그럴 새 없이 발길을 서두르게 됩니다. 내려가는 길은 가파를수록 좋습니다. 다리가 풀리긴 해도 훨씬 수월하고 보람도 있죠. 결말은 갈등이 해소되고 사건이 끝나는 구간입니다. 상과 벌이 적절하면 독자는 만족합니다. 놀부 박에서 나온 귀신들이 놀부를 혼내주면서 이야기는 마무리됩니다. 놀부가 벌을 받는 것은 잘됐지만, 그 얘기를 오래 듣고 싶지는 않습니다. 인기 드라마도 연장하면 재미없어지는 법이지요. 그래서 어떤 이야기는 절정과 결말을 한데 묶다시피 합니다.

'이야기산'의 개념을 익힌 뒤에는 이렇게 '흥부 놀부'처럼 잘 알려진 이야기들을 적용해보세요. 그림책이나 짧은 이야기책으로 연습해도 좋고요. 어렵게 느껴진다면 '발단' 같은 말은 빼고 산 그림만 활용하면 됩니다. 이야기가 어떻게 짜여졌는지만 알아도 됩니다. 이야기산 그림에 내용을 간단하게 메모하고, 그것간혹 사건이 많이 일어난다거나 관계가 복잡하게 얽혀 있을 때는 어디까지를 발단으로 볼지, 위기와 절정을 어떻게 구분할지 헷갈릴 수도 있습니다. 그럴 때는 산꼭대기, 즉 '절정'을 먼저 찾아봅니다. 아이들에게 '가장 아슬아슬한 장면, 무언가 폭발할 것 같은 장면, 이제까지와는 이야기가 전혀 달라지는 장면, 결말과 연결되는 장면'을 고르자고 하면 어렵지 않게 찾아낼 수 있습니다.

『수일이와 수일이』(김우경 글, 권사우 그림, 우리교육)는 하기 싫은 일을 맡기려고 쥐에게 손톱을 먹여 가짜 수일이를 만들어낸 수일이가 오히려 가짜에게 쫓겨나 곤욕을 치르는 이야기입니다. 처음에는 흐릿했던 가짜 수일이의 캐릭터가 뒤로 갈수록 또렷해

『수일이와 수일이』

지고, 진짜 수일이와 덕실이(수일이를 돕는 개)가 궁지에 몰리면서 독자를 긴장시킵니다. 어느 장면이 절정인지 헷갈릴 정도입니다.

독서교실 아이들도 처음에는 진짜 수일이와 가짜 수일이가 몸싸움을 하는 장면, 진짜 수일이가 집에서 쫓겨나는 장면을 '절정'으로 골랐습니다. 그런데 '산꼭대기

발단	수일이가 자기 손톱으로 가짜 수일이를 만들었다.
전개	가짜 수일이는 학원을 다니고, 진짜 수일이는 놀러 다닌다.
위기	가짜 수일이가 가족 여행을 다녀와서부터 진짜 행세를 한다. 가짜 수일이가 진짜 수일이를 협박한다. 진짜 수일이와 덕실이가 집에서 나와 '들고양이'를 찾으러 간다.
절정	진짜 수일이와 덕실이가 가짜 수일이 때문에 쥐로 변한다.
결말	들고양이 덕분에 자기 모습을 찾는 수일이, 덕실이와 들고양이 방울이가 함께 가짜 수일이를 물리치러 간다.

처럼 더 갈 곳이 없는 장면'을 찾자고 했더니, 금방 '진짜 수일이랑 덕실이가 쥐로 변하는 장면'을 절정으로 보는 게 좋겠다고 의견이 모아졌습니다. 이제 절정을 향해 이야기가 어떻게 진행됐는지, 또 그 뒤로 어떻게 마무리됐는지 각자 정리해보기로 했습니다. 그랬더니 다빈이, 동건이, 성찬이 그리고 저의 정리가 거의 비슷하게 나왔습니다.

그런데 왜 작가는 절정에 수일이가 쥐가 되는 장면을 넣었을까요? 아이들 말대로 '한번 쥐의 입장이 되어보라고' 그랬을 것입니다. 『수일이와 수일이』는 가짜가 아닌 '진짜 나'에 대해 생각해보게 하는 이야기입니다. 가짜 수일이가 진짜 행세를 할 때 진짜 수일이가 어떻게 자신을 증명할 수 있을지 고민하는 것처럼 말이죠. 이 이야기를 전체적으로 이해하지 못하면 단순히 가짜를 만든 진짜 수일이가 나쁜지, 남의 자리를 차지하려는 가짜 수일이가 나쁜지 가리는 데서 논의가 끝나고 말 것입니다.

『수일이와 수일이』를 읽은 아이들은 대체로 결말을 만족스러워하지 않았습니다. 이야기는 정말 재미있지만 마지막 장면이 아쉽다네요.

"가짜 수일이를 확실히 내쫓고 끝나면 좋겠어요."
"아니. 성공을 못 하더라도 최소한 다시 대결하는 건 나왔으면 좋겠어요."
"가짜 수일이는 무슨 꿍꿍이인지도 궁금해요."
"맞아. 처음에는 쥐로 돌아가게 해달라고 그렇게 빌더니. 갑자기 마음이 변했어."
"가족 여행 가서 무슨 일이 있었나?"
"이거는 2편이 있어야 돼요."

그래서 2편은 아이들이 직접 써보기로 했습니다. 단, 뒷이야기도 역시 '발단-전개-위기-절정-결말'에 맞춰 구성해야 한다고 조건을 달았습니다. 이론을 이해하기 위해서는 실행해보는 게 제일 좋은 방법이니까요. 어려워할까 봐 걱정했는데 아이들은 진짜 작가가 되는 기분이라며 재미있어 했습니다.

'뒷이야기 만들기'는 일반적인 독후활동인데 이렇게 이야기산을 먼저 그려보고 글을 쓰면 훨씬 짜임새 있는, 그럴듯한 이야기를 만들 수 있습니다. 아이들은『수일이와 수일이』의 결말인 '진짜 수일이, 덕실이, 방울이가 가짜 수일이를 물리치러 간다'를 뒷이야기의 '발단'으로 삼아 각자 이야기산을 그리고 뒷이야기를 지어냈습니다.

성찬이의 '전개'에는 진짜 고양이인 방울이를 보고 수일이 친구들이 하나둘 생쥐가 되는 내용이 쓰였습니다. 수일이가 그랬던 것처럼 다른 아이들 중에도 사실은 '가짜'가 있었다는 겁니다. 동건이의 '절정'에서는 가짜 수일이가 원래는 호랑이였다가 쥐 발톱을 먹고 쥐가 된 것이라는 숨은 사연이 폭로됩니다. 다빈이는『수일이와 수일이』의 열린 결말이 마음에 안 든다고 했지만, 자기 이야기의 결말도 열어 두었더군요. 모험을 잘 마친 수일이가 집으로 돌아올 때 옆집 아이가 "아, 학원 가기 싫다. 누가 나 대신 가줬으면!" 하고 외치는 소리가 들려옵니다.

이야기산은 결국 이야기 구조를 이해하기 위한 장치입니다. 이야기의 뼈대를 알면 좋은 점이 많습니다. 독서교실에서는 친구에게 책을 소개할 때 발단까지만 말하기로 합니다. '재미있다' '슬프다'만으로는 그 책만의 특징을 소개할 수 없고, 중요한 내용을 말해버리면 나중에 읽을 때 재미가 없기 때문이죠. 재미있게도 아이들은 발단을 최대한 흥미롭게 소개합니다.

"『지구 행성 보고서』(유승희 글, 윤봉선 그림, 뜨인돌어린이)는 외계인들이 지구에 불시착한 얘기야. 그런데 지구에 마침 자기네랑 비슷한 종족이 있어서 그걸 흉내 내면서 살기로 결심했어. 그게 뭔지는 말할 수 없어."

"『달빛 마신 소녀』(켈리 반힐 글, 양철북)는 판타지 동화야. 마녀가 버려진 아기를 입양했는데 마녀한테도 비밀이 있고, 아기한테도 비밀이 있어."

한번은 『장수 만세!』(이현 글, 변영미 그림, 창비)를 소개하려던 건우가 멈칫한 적이 있습니다.

"아, 이 책은 발단이 꼭 절정 같은 책인데. 시작하면서 너무 결정적인 얘기가…… 아니, 아니다. 진짜 절정은 나중에 나오니까. 이 책은 혜수가 베란다 아래를 내려다보다 떨어져서 저승에 가는 게 발단이야."

건우는 발단만 말했지만 이야기 전체를 잘 이해했다는 것은 더 듣지 않아도 알 수 있었습니다.

　동화는 '픽션'이라는 점에서 어른들이 읽는 소설과 나란히 이 야기될 때가 많습니다. 개인적인 독서 경험에 비추어 말씀드리 면, 저는 소설과 다른 동화의 특징이 '매력적인 인물'에 있다고 생각합니다. 삐삐, 앤, 하이디, 톰 소여, 피노키오를 떠올려보세 요. 이런 동화들은 아예 제목부터 주인공 이름을 내세워 독자의 호기심을 끌죠.

　동화 속 인물들은 말과 행동으로 개성을 드러내고, 좌고우면하 지 않고 사건에 뛰어듭니다. 그래야 독자를 사로잡을 수 있기 때 문이죠. 소설에서는 인물이 심각한 고민에 갇혀 있거나 끝내 속 을 보여주지 않을 때도 있지만 동화는 다릅니다. 아이들은 어른 들처럼 인내심을 가지고 작가의 뜻을 헤아려주지 않거든요.

　'호빵맨'이라는 걸출한 캐릭터를 탄생시킨 작가 야나세 다카시 의 말을 빌리자면 아이들은 '마음에 들지 않는 책은 가차 없이' 내던집니다. '세상에서 가장 냉혹한 비평가'이지요.(『네, 호빵맨입니 다』 지식여행) 애니메이션 '호빵맨'도 원작은 어린이책입니다.

작가는 사건을 통해 주제를 전달하고, 사건은 인물에 의해 전개됩니다. 동화의 인물을 이해하는 것은 그래서 중요합니다. 그렇다 보니 아이에게 제시되는 독후활동 양식에도 '가장 마음에 드는 인물 고르기', '내가 주인공이라면 어떻게 했을까 쓰기', '주인공 인터뷰' 등 인물과 관련된 것이 많습니다.

그런데 등장인물들을 여러 면에서 이해하지 않은 채로 가장 마음에 드는 인물을 고르는 것은 큰 의미가 없습니다. 또 인물이 그렇게 행동한 이유와 과정을 살피지 않으면 그의 입장이 되어 보기도 어렵죠. 주인공에게 묻고 주인공이 되어 답하는 '인터뷰'도 마찬가지입니다.

첫째, 인물을 표현하는 다양한 말을 찾아요

동화를 읽고 등장인물의 성격을 나타내는 말을 찾아보세요. '당당하다 / 꼼꼼하다 / 자유롭다 / 고집이 세다 / 느긋하다 / 급하다 / 책임감 있다' 등이 그 예입니다. 이런 말하기는 인물을 이해하는 데도, 표현력을 기르는 데도 도움이 됩니다. 되도록 가치 판단은 접어두고 작가가 그린 인물 자체에 집중하는 것이 좋습니다. "짜증나는 성격이에요"보다는 "변덕이 심해요"가 좋습니다.

평가는 그다음에 붙여도 됩니다.

표현력이 부족한 아이들은 종종 "그런 걸 뭐라고 하는지 잘 모르겠어요"라며 주저합니다. 그럴 때 저는 "풀어서 말해도 되고, 비슷하다고 생각하는 말로 해도 돼. 선생님이랑 같이 찾아보자" 하고 격려합니다.

『꼬마 바이킹 비케』(루네르 욘손 글, 에베르토 칼손 그림, 논장)를 읽은 지오는 비케의 아버지 할바르를 두고 '무엇을 한 가지 하면 그것만 알고 남의 말도 안 듣는 성격'이라고 했습니다. 충분히 훌륭한 설명이지요. 이 기회에 '고지식하다'는 말을 배우고, 반대되는 표현으로 '그때그때 상황에 맞게 한다, 융통성 있다'는 말을 배우면 어휘력이 늘어납니다. 재미있게도 주인공 비케가 바로 그런 성격입니다. 그래서 두 인물의 성격을 대조해봄으로써 각자의 특징을 확인할 수 있었습니다.

사람의 성격을 표현하는 다양한 단어를 먼저 제시하고, 보기 중에 고르라고 해도 됩니다. 중요한 건 직접 그 표현을 사용해보는 것입니다.

둘째, 인물의 마음이 드러나는 대목을 찾아 말해요

　일상에서 우리의 표정, 말투, 행동은 종종 마음을 드러냅니다. 동화의 인물도 마찬가지입니다. 『이상한 나라의 앨리스』(루이스 캐럴 글, 존 테니얼 그림, 시공주니어)에서 작가는 앨리스가 호기심이 많은 아이라고 직접 말하지 않습니다. 다만 주저 없이 토끼를 따라 굴속으로 들어간다고 표현할 뿐이죠. 주인공의 감정도 마찬가지입니다. 문학성이 뛰어난 작품일수록 '외롭다', '기쁘다' 직접 말하기보다 그 마음을 더욱 생생하고 섬세하게 전달하는 독창적인 표현을 보여줍니다. 그런 멋진 표현을 발견하는 것이 동화라는 문학을 읽는 큰 즐거움 아닐까요?

　인물의 마음이 드러나는 말과 행동을 찾아 소리 내어 읽고 느낌을 말해보세요. 『루카-루카』(구두룬 멥스 글, 미하엘 쇼버 그림, 풀빛)는 어느 날 갑자기 반 친구 루카와 사랑에 빠진 파니의 이야기입니다. 아이의 사랑이라고 해서 그저 귀엽게만 그리지도, 어른들을 흉내 내는 풋사랑으로 그리지도 않았습니다. 특별한 감정이 생겨나고 고조되는 과정, 루카와 멀어지고 끝내 이별을 받아들이는 과정이 파니의 시점에서 찬찬히 세밀하게 그려졌죠. 6학년 아이들과 이 책을 읽고, 파니가 루카를 좋아하는 마음이 드러난 부분을 찾아 다시 함께 읽어보기로 했습니다.

책에는 어디에도 '나는 루카를 너무나 좋아한다'는 표현이 등장하지 않습니다. 그러나 파니의 마음은 더 설명하지 않아도 알 수 있습니다. 아이들에게도 그 마음이 잘 전달되었는지, 마음이 드러난 구절을 찾아 읽을 때면 모두들 조금씩 얼굴이 붉어졌습니다. 파니가 루카와 이별하고 괴로워하는 구절을 읽을 때는 '아 아…' 하는 작은 탄식을 내뱉기도 하면서요. 소리 내어 읽고 또 그것을 듣는 순간에는 특별한 감동도 있습니다. 골라낸 장면에 자신의 느낌을 덧붙여 말해도 좋고, 여운을 그대로 간직해도 좋습니다.

셋째, 인물의 성격이 변하는 장면을 찾아 말해요

이야기가 진행되는 동안 인물의 마음, 생각, 성격에는 변화가 일어납니다.『위풍당당 질리 홉킨스』의 질리는 위탁 가정을 전전하며 마음의 문을 닫아걸었습니다. 질리는 누구에게나 버릇없이 굴고 못된 행동으로 주변 사람을 질리게 합니다. 그러다 마음 푸근한 트로트 아줌마의 집에서 어린 윌리엄 어니스트와 함께 지내며 얼었던 질리의 마음이 조금씩 녹아내립니다.

유호는 이 책이 아주 재미있었다고 하면서도 좀 이상한 대목이

『위풍당당 질리 홉킨스』

있다고 했습니다. 질리가 윌리엄 어니스트에게 싸우는 법을 알려 주는데 왠지 신난 것처럼 보인다는 것입니다.

"싸움을 가르쳐주는 게 좋은 일은 아니잖아요. 그런데 왜 기분이 좋아 보이는지 모르겠어요."

"왜 질리 기분이 좋다고 생각했어?"

"'처음치고 괜찮았어'라고 말한 것도 그렇고, 트로트 아줌마가 뭐라고 하는데도 부끄러워하지 않으니까요."

"맞아. 질리가 왜 윌리엄 어니스트한테 싸우는 법을 가르치는지 아줌마한테 설명하는 대목도 있지."

"얘(윌리엄 어니스트)도 자기 스스로를 지킬 줄 알아야 된다고 했어요."

"그래. 그런데 생각해보면 질리는 원래 누가 남한테 당하거나 말거나 신경 쓰는 아이가 아니었어. 왜 윌리엄 어니스트한테는 신경을 쓸까?"

"맞으면 아프니까요?"

"그건 옛날에 만난 위탁 가정 아이들도 마찬가지였을 텐데."

"그러네요. 그런데 이제 질리가 가족을 신경 쓰고 있잖아요."

"맞아! 신경 쓰고 있지. 마음을 쓰고 있어. 질리가 달라졌어."

"그래서 자기가 잘하는 걸 가르쳐주는 거네요. 마음을 표현한 거네요."

"그럴 때 기분이 어떻지?"

"기분이 좋아요."

등장인물이 변하는 부분, 또는 변했다는 사실이 느껴지는 부분을 찾아 읽고 이전과 이후를 나누어 설명하게 해보세요. 또 그렇게 바뀐 이유도 찾아보고요. 여기에도 작가의 메시지가 담겨 있습니다.

첫 장면에서 계속 풍선껌을 씹으며 독자의 신경을 긁던 질리가 가족과 이웃을 이해하고 자기가 갈 길을 받아들이기까지 어떤 일이 있었는지 돌아보면 주변의 좋은 영향이 얼마나 중요한지 새삼 깨닫게 됩니다. 질리처럼 기꺼이 마음을 열자는 것도, 또는 질리의 주변 사람들처럼 사랑과 책임감으로 이웃을 돌보자는 것도 작가가 하려는 말입니다. 이게 바로 주제입니다.

넷째, 인물의 관계를 파악해요

6학년 아이들과 읽은 『오이대왕』(크리스티네 뇌스틀링거 글, 유타 바우어 그림, 사계절)은 거의 모든 장면에 갈등 요소가 담긴 복잡한 작품입니다. 볼프강네 집에 처음 보는 생명체가 나타나 자신을 지하실 어딘가에 살던 '쿠미-오리 2세' 왕이라 주장하며 정치적 망명을 하겠노라 선언하면서 이야기가 시작되죠. 오이대왕 때문에 일어나는 사건만 해도 한두 가지가 아닙니다. 그런데 그보다는 불청객의 출현으로 볼프강네 가족의 묵은 문제들이 불거지면서 인물 간의 갈등도 여러 모습으로 드러난다는 점이 중요합니다. 특히 볼프강의 아버지가 오이대왕과 결탁해 지하의 쿠미-오리들을 몰살시킬 계획을 세우면서 이야기가 '절정'으로 치닫습니다. 오이대왕의 진실을 알게 된 아버지가 집을 나가기도 하고요. 간단히 설명하기 어려운 작품입니다. 그런데 수업을 시작하기도 전, 성찬이는 독서교실에 도착하자마자 저에게 물었습니다.

"그런데 왜 아빠는 오이대왕을 좋아했을까요?"
"아주 좋은 질문이야. 오늘 나눌 얘기의 가장 중요한 부분이거든. 그렇게 물어보는 걸 보니까 성찬이도 읽으면서 생각해봤을 것 같은데, 짐작 가는 게 있어?"

"계속 생각해봤는데 잘 모르겠더라고요. 일단 저는 오이대왕이 너무 싫고, 다른 식구들도 다 싫어하잖아요. 오이대왕은 처음 등장했을 때부터 아빠한테도 이래라 저래라 하고요. 그런데 왜 아빠는 그렇게 푹 빠졌는지 그게 이상해요."

『오이 대왕』

이렇게 좋은 질문을 떠올렸다는 것은 성찬이가 책을 아주 잘 읽었다는 증거입니다. '아빠는 왜?', '왜 아빠만?' 하는 질문 자체가 주제를 찾는 실마리가 되지요. 수업 때는 작품의 등장인물 관계도를 그려보기로 했습니다.

볼프강네 가족들을 적은 다음, 서로 좋은 관계면 두 줄(＝), 그저 그런 관계면 한 줄로(─) 연결합니다. 사이가 나쁘면 한 줄과 화살표로(←→), 아주 나쁘면 두 줄과 화살표로(⇔) 표시합니다. 이야기가 진행되면서 사이가 좋아지는 관계도 있고, 보기에 따라 친하다고도, 그저 그런 사이라고도 여길 수 있는 관계가 있지요. 그래서 성찬이, 다빈이, 동건이가 그린 관계도가 서로 같지는 않았습니다. 그렇지만 한 가지 공통점은 있었습니다.

"화살표를 제일 많이 받은 사람이 누구지?"

"아빠요! 아빠는 모든 가족이랑 사이가 안 좋네요. 엄마가 조금 잘해주긴 하지만요."

"닉(막내)은 아빠랑 사이가 좋아. 아빠가 예뻐하잖아."

"그렇지. 아빠랑 특히 사이가 안 좋은 사람은 누구지?"

"할아버지요. 할아버지하고는 두 줄에 화살표예요. 사사건건 싸우잖아요."

바로 여기에서 '아빠는 왜?', '왜 아빠만?'의 힌트를 얻을 수 있습니다. 제가 다시 물었습니다.

"아빠는 왜 가족들과 사이가 좋지 않을까?"

"아빠는 뭐든지 마음대로 하니까요. 집에서 소리도 지르고, 마르티네 누나가 옷 입는 거 갖고도 뭐라고 하고."

"자기도 무서운 게 많으면서 다른 사람들한테는 아닌 척해요. 텔레비전도 아빠가 보고 싶어 하는 것만 보고요."

저는 이러한 아빠의 태도를 '권위주의'라는 말로 설명했습니다. 권위를 내세워 자기 뜻에 따르게 만드는 권위주의적인 태도 때문에 아빠가 다른 가족과 사이가 좋지 않은 거라고 말이지요.

그렇게 말하고 나니 아빠가 특히 할아버지와 사이가 나쁜 이유가 자연스럽게 나왔습니다. 할아버지만은 아빠가 마음대로 하기 어려운 대상이었다는 것입니다. 이번에는 다빈이가 물었습니다.

"그런데 막내 닉하고는 사이가 좋잖아요. 아, 닉은 말을 잘 들으니까 그런 건가?"

"그렇다고 볼 수 있지. 닉은 아직 어려서 아빠가 원하는 대로 되니까."

"그런데 나중에는 닉도 아빠랑 사이가 나빠질 것 같아요. 볼프강이 닉한테 너도 크면 안 그럴 거라고 하잖아요. 자기도 그랬다면서."

"선생님 생각은 다른데. 마지막에 닉이 중요한 역할을 하는 걸로 봐서."

"오이대왕을 내다 버리는 게 닉이죠!"

"맞아! 나는 볼프강이 할 줄 알았는데 닉이 해서 이상하다고 생각했어."

"선생님은 그래서 희망이 있다고 생각해. 앞으로는 아빠도 변할지 모르고."

동건이는 다른 문제를 제기했습니다.

"그런데 권위가 필요할 때도 있지 않아요? 누가 나서서 뭘 결정해야 될 때도 있잖아요. 예를 들어서 가족들이 각자 먹고 싶은 게 다르면 누가 정해야 되잖아요."

"가위바위보를 하면 되지."

"가위바위보를 할지 말지 누군가가 정해야 된다고."

이번에는 제가 '권위주의'와 다른 '권위'에 대해 설명했습니다.

"권위는 다른 사람을 따르게 하는 힘이야. 때로는 그런 힘이 필요할 때가 있지. 가족의 안전이 걸린 일, 자녀를 교육하는 일처럼. 그럴 땐 권위가 필요해. 그러면 여기서 문제! 진짜 권위에는 '이것'이 따릅니다. '이것'은 무엇일까요?"

"솔선수범하는 거요."

"자기가 했다고 내세우지 않는 거요."

"책임지는 거요."

볼프강의 아빠는 권위 없이, 권위주의적인 태도로 일관하기 때문에 가족들과 사이가 좋지 않은 것입니다. 이제 성찬이의 첫 질문으로 돌아가 보겠습니다. 아빠는 왜 오이대왕을 좋아하게 됐을까요?

"자기랑 처지가 비슷하다고 생각해서요. 오이대왕도 큰소리만 치는데 쿠미-오리들이 인정을 안 해줘서 쫓겨났잖아요."

"그리고 오이대왕이 나중에 자기 말대로 하면 사장이 되게 해준다고 했고요."

성찬이의 질문은 답을 찾았습니다. 아빠와 오이대왕은 권위를 내세우면서 소통을 거부합니다. 이렇게 비뚤어진 권위주의를 비판하는 것이 바로 이 작품의 주제입니다. 주제를 찾는 과정에서 자연스럽게 주제에 대한 각자의 생각을 말한 셈이 되었죠.

인물 관계가 복잡한 이야기도 얽히고설킨 것을 풀어보면 갈등의 핵심이 드러납니다. 물론 독자는 누구의 편에도 설 수 있습니다. 그렇지만 그 전에 공정하게 사태를 파악해야 합니다. 말하기가 그것을 도와줍니다. 읽은 내용에 대해 묻고 답하면서 생각이 정리되면 인물을 비판할 때 나름의 기준을 세우게 됩니다. 공감의 폭도 더 넓어지고요. 비로소 '주관'을 세울 수 있는 것입니다.

첫째, 배경과 주제를 연관지어 생각해요

아이는 재미와 감동을 위해 동화를 읽습니다. 그러면서 자연스럽게 사람들이 살아가는 모습을 봅니다. '삶'이 담긴 이야기에는 언제나 시공간의 정취가 묻어나기 마련이죠. 그런 의미에서 특정한 시대, 특정한 공간의 이야기여서 더욱 의미가 있는 작품들이 있습니다. 작가는 왜 하필이면 그 시대, 그 공간의 이야기를 쓰기도 했을까요? 그 답을 찾는 것도 동화의 주제를 찾는 방법 중 하나입니다.

『별을 헤아리며』(로이스 로리 글, 조혜원 그림, 양철북)는 1940년대 나치가 덴마크를 점령했던 시절을 배경으로 합니다. 나치가 덴마크에 살고 있는 유대인들을 수용소로 보내기 시작하자 안네마리 가족은 엘렌 가족을 구하기 위해 목숨을 건 모험에 나섭니다. 이야기 초반, 안네마리는 자신이 별로 용기가 없는 사람이라고 생각하지만 한편으로는 그래도 되는 삶을 살고 있어 다행이라 여깁니다. 하지만 어느 순간 이 모험의 가장 중요한 역할을 맡게 되죠.

이 책을 읽기 전에 아이들과 제2차 세계대전, 홀로코스트에 대한 기본 지식을 정리했습니다. 책에는 '레지스탕스(지하 저항 운동)'가 중요하게 나오지만, 그들의 활동이 과격할 수밖에 없었던 이유를 작품 안에서 이해하길 바라는 마음에 그 이야기는 따로 하지 않았습니다. 사실 이런 작품은 사전 지식이 없어도 읽을 수 있습니다. 이야기 자체에 시대 상황과 분위기가 잘 묘사되어 있기 때문이죠. 그렇지만 배경을 알고 읽으면 확실히 더 잘 몰입할 수 있고, 감동도 커집니다.

책을 읽은 느낌을 나누는 시간에 아이들은 이렇게 말했습니다.

"아주 우울하고 슬픈 이야기일 거라고 생각하고 읽었는데, 꼭 그렇지만은 않아서 다행이었어요. 감동적이었어요."

"저는 유대인 학살 이야기라고 해서 나치나 유대인이 주인공일 줄 알았어요. 그런데 이 책은 제 3자의 입장에서 그때 무슨 일이 있었는지 얘기하는 게 새로웠어요."

둘째, 시대의 분위기를 짐작할 수 있는 대목을 찾아 말해요

아이들과 시대의 분위기를 짐작할 수 있는 대목을 찾아 읽었습니다. 처음에는 동네를 감시하는 정도였던 나치가 뒤로 갈수

『별을 헤아리며』

록 위협적으로 그려지는 것, 나치를 따돌리기 위해 사람들이 비밀 작전을 펼치는 것 등을 짚을 수 있었지요. 작품에는 덴마크 사람들이 독일 군대의 명령에 저항하는 뜻에서 자신들의 함대를 가라앉혀 버린 일이 나오는데, 이는 실제로 있었던 일입니다. 아이들은 일제 강점기의 우리나라와 비슷했을 것 같다는 의견도 냈습니다.

나아가 '용기'에 대한 안네마리의 생각이 달라지는 과정도 짚어보았습니다. 평범한 안네마리가 한밤중 나치와 마주치는 위험을 무릅쓰고 비밀 작전을 수행할 수 있었던 것은 사명감이 두려움보다 강력했기 때문입니다. 그리고 보면 레지스탕스뿐 아니라 보이지 않는 곳에서 유대인을 도운 수많은 사람들도, 희망을 놓지 않은 유대인도 모두 용감한 사람들입니다. 결국 삶과 자유의 가치를 믿고 그것을 위해 싸운 사람들 모두가 역사의 주인공이라는 거죠. 『별을 헤아리며』의 배경을 생각하면서 이야기를 나누면 이 점을 알 수 있습니다.

우찬이는 독후감에 "처음 제목만 보았을 때는 낭만적인 내용일 줄 알았다"며, 이 책을 읽은 덕분에 유대인과 나치 문제를 알았다고 적었습니다. "나치의 친구나 가족들도 그런 생각에 찬성했는지 알고 싶다"고도 적었고요. 문학 독자는 사회에도 관심을 갖게 되는 법입니다.

『로봇의 별』(이현 글, 오승민 그림, 푸른숲주니어)은 SF 동화입니다. 시간적 배경은 미래, 공간적 배경은 우주이지요. 똑같은 모습으로 만들어진 로봇 나로, 아라, 네다가 자유와 권리를 찾아가는 이야기가 3권에 걸쳐 펼쳐집니다. 분량도 많지만 시공간 배경이 낯설고 등장인물이 많아 꽤 복잡한 작품인데도 아이들은 푹 빠져서 읽습니다. 지상 2킬로미터 공간에 만들어진 하늘 도시의 신기한 풍경, 손바닥 세포 DNA로 신분을 확인하는 홀로그램 직원, 집 안의 청결도를 수치화하고 냉장고의 상태를 소상히 보고하며 주문까지 대신하는 인공지능 컴퓨터 우렁이, 수다쟁이 만능 로봇 루피 등 미래의 풍경이 손에 잡힐 듯 생생하게 그려진 덕분이죠. 재혁이는 이 책에 대해 "지금 이야기가 아닌데도 지금 이야기 같아요"라고 했습니다. 아이들이 미래에 관심을 갖는 것은 당연합니다. 자기들이 살아갈 세계이니까요.

그런데 사실 이 작품이 그린 미래는 그저 편리한 발명품의 세계가 아닙니다. 지구, 달, 화성을 오가며 사는 사람들에게 국가나

인종은 의미가 없고, 오로지 '책임지수(실질적으로는 재산)'에 따라 계급이 나뉩니다. 계급에 따라 사는 곳과 먹는 것이 결정되고 병원, 학교, 군대의 지원과 보호를 받을 수 있습니다. 로봇과 인간, 인간과 인간이 대립하는 모습은 때로 극단적이고 암울합니다. 바로 이런 시공간을 배경으로, 작가는 로봇의 입을 빌려 인간다움이 무엇인지 묻습니다. 바꾸어 말하면 '인간이란 무엇인가'를 묻기 위해 이 특수한 시공간이 필요했던 것입니다.

동화에서 배경은 인물이 활동하고 사건이 펼쳐지는, 특별하고 구체적인 시공간입니다. 때로는 배경 자체가 상징적이며 주제와 연결됩니다. 배경과 주제의 관계를 생각하며 동화를 읽고 말해 보세요.

비판

줄거리를 파악하고, 문제적 인물을 이해하고, 인물 관계를 알고, 배경의 의미를 생각해 주제를 찾았다면 이제는 아이 자신의 생각을 정리할 차례입니다. 주제는 책의 메시지일 뿐 절대적인 진리가 아닙니다. 독자는 언제나 비판적으로 읽을 수 있습니다. 당연히 아이도 그렇게 할 수 있고, 또 그래야만 합니다.

그런데 '비판적으로 생각하자'고 하면 대상의 문제점을 찾아 내라는 것으로 받아들이는 아이들이 있습니다. 등장인물이 잘못한 점을 찾거나, 독특한 생각을 내놓으려고 애쓰는 식입니다. 그러다 보면 비판이 아니라 비난이 되기 쉽고, 무엇보다 자신의 생각을 정리하는 게 어려워집니다.

책을 비판적으로 읽는다는 것은 잘못을 지적하는 게 아니라 자기 생각을 가지고 읽는 것, 또는 책에서 만난 작가의 생각에 비추어 자기 생각을 정리하는 것을 뜻합니다. 기발한 생각이 아니어도 됩니다.

첫째, 현재의 눈으로 다시 읽어요

셰익스피어 원작인 「베니스의 상인」(『베니스의 상인』 수록작, 메리 램·찰스 램 글, 변영미 그림, 창비)은 '살 한 근을 베어 가되 한 방울의 피도 흘려서는 안 된다'는 재치 있는 판결문으로 유명한 작품이죠. 고리대금업자 샤일록이 안토니오에게 돈을 빌려줄 때 담보로 그의 살을 요구한 것에 대한 판결입니다. 판사는 이 판결로 안토니오를 구합니다. 나아가 샤일록의 나쁜 의도에 책임을 물어 재산을 빼앗고, 절반을 그가 미워하던 사위에게 주게 합니다.

악당이 처벌받는 점에서는 통쾌한 면이 있지만, 아이들은 각자 의견이 달랐습니다.

"샤일록이 못된 것은 맞지만, 그래도 계약서를 썼을 때는 서로 합의를 한 건데 판사가 그걸 무시한 건 잘못됐어요."

"샤일록이 유대인이라고 해서 너무 차별받았어요. 말끝마다 '유대인, 유대인' 하는 것도 이상해요."

"살을 베어 가는 건 나쁘니까 그러면 안 되죠. 그러면 다시 돈으로 받으라고 하고 벌금 물리고 하면 되지, 재산까지 빼앗는 건 말도 안 돼요."

"빌려준 돈은 돌려받고, 살인미수 혐의에 대해서만 벌을 받았으면 좋겠어요."

대문호 셰익스피어도 독자들의 반발은 막을 수 없습니다. 아이들은 각자 판결문을 다시 작성했습니다. 다빈이는 '재산을 몰수하지 않는 만큼 징역형을 살도록 하되, 애초에 죄가 무거우니 감형은 절대 없다'고, 동건이는 '딸은 자기 결혼을 알아서 결정할 수 있으니, 결혼은 인정해주고 재산을 사위가 아닌 딸에게 주도록 한다'고 썼습니다.

그렇다고 해서 아이들이 셰익스피어의 작품을 깎아내린 것은 아닙니다. 변장, 재치, 반전, 사랑, 의리 등 누구나 좋아할 만한 이야기의 요소는 아이들에게도 즐거움을 주지요. 희극과 비극이 제각각 독자에게 불러일으키는 강렬한 감상도 여전합니다. 다만 아이들은 셰익스피어가 생각했고, 당시 사람들이 당연하게 받아들였던 '정의'를 오늘에 맞게 고쳐 쓴 것입니다.

이른바 '고전 명작'이라고 해서 고정된 틀로 읽을 필요는 없습니다. 오늘날의 눈으로 비판적으로 읽는다고 해서 그 가치가 훼손되는 것도 아니죠. 혹시 그렇게 읽었을 때 의미를 찾기 어려운 작품이라면 더는 '고전 명작'이라고 부를 필요가 없는 낡은 이야기라고 볼 수 있습니다.

둘째, 동의하고 덧붙여 말해요

『오이대왕』을 읽었을 때 누군가 이 가족은 서로에게 비밀이 많다는 점을 지적했습니다. 어머니는 식구들 몰래 물건을 사고, 볼프강은 유급 위기에 처했고, 누나는 일기장에 아버지에 대한 불만을 가득 씁니다. 좋은 가족이 되려면 서로 솔직해야 한다는 쪽으로 이야기가 모아지는 중에 성찬이가 의견을 냈습니다.

"그런데 가족 사이에 비밀이 없을 수가 있어요?"

이 말을 시작으로 가족과 비밀에 대한 의견들이 쏟아졌습니다.

"볼프강네 식구가 다섯이나 되는데 서로 비밀이 없을 수가 없어요."

"세상에 비밀이 없는 사람은 없어요. 다 말하면 그것도 피곤한데."

"나는 비밀이 없어. 비밀이 있어도 엄마 아빠한테 '비밀이 있다'는 건 말한다고."

"무조건 비밀이 없는 것보다, 비밀을 서로 존중해주는 게 더 좋은 것 같아요."

"그런데 누가 괴롭힌다거나 하는 위험한 비밀은 없는 게 좋지."

"가족끼리 속이는 것도 안 되고."

『오이대왕』이 진정한 가족이란 부당한 권위를 내세우지 않고 서로 소통하는 관계라는 메시지를 담고 있다면 아이들은 여기에 '서로 솔직해지자', '각자의 영역을 존중하자'는 의견을 덧붙인 것입니다. 인물에 공감하고 메시지에 동의하면서 이야기는 더 풍성해질 수 있습니다. 나무가 여러 방향으로 가지를 뻗는 것과 같이요.

셋째, "제 생각은 달라요."

『오월의 달리기』(김해원 글, 홍정선 그림, 푸른숲주니어)는 5·18 민주화운동을 아이 시선에서 그려낸 작품입니다. 달리기 선수가 꿈인 명수는 전국소년체전을 앞두고 나주를 떠나 광주에서 합숙훈련을 하던 중이었습니다. 새 친구들과 티격태격 우정을 쌓고 선의의 경쟁으로 서로를 격려하던 어느 날, 명수와 아이들은 공권력의 무자비한 폭력과 시민들의 용감한 저항을 목격합니다. 그리고 명수는 시내에서 시계방을 운영하던 아버지를 잃습니다.

광주를 드나드는 길은 모두 통제되고, 방송과 전화마저 끊긴 상황에서 명수는 나주에 있는 가족에게 아버지의 죽음을 알리기 위해 광주를 빠져나가기로 합니다. 위험을 무릅쓴 명수의 달리기에 친구들이 함께하지요. 이 작품에서 명수의 '달리기'는 '저항'과 '희망'을 뜻합니다. 명수는 아직 어리지만 가족을 걱정하는 마음으로, 아버지를 기리는 마음으로, 목숨을 건 탈출을 시도하는 것입니다.

이 작품을 읽은 아이들은 "5·18 민주화운동의 뜻을 되새겼다", "새롭게 알게 되었다", "슬프다", "감동적이다" 하고 각자의 감상을 전하며 더 많은 사람들이 이 책을 읽었으면 좋겠다고 입을 모았습니다. 그런데 명수의 용기가 대단하다는 이야기 중에 세진이가 조금 다른 의견을 냈습니다.

"제 생각은 달라요. 저는 명수가 꼭 그때 광주에서 나갔어야
했는지 잘 모르겠어요."

'모르겠다'는 말에 저는 가족들이 걱정할까 봐, 또 군인들이 시
키는 대로 하지 않겠다는 뜻도 있어서 그렇게 한 것이라고 설명
했습니다.

"그건 알겠는데요. 혹시 가다가 명수가 잘못될 수도 있잖아요.
명수네는 아버지도 돌아가셨는데 명수까지 다치거나 죽으면 가
족들은 더 괴로울 거예요. 그럴 때일수록 코치님이나 미스터 박
아저씨 말을 듣고, 답답해도 참고 기다렸어야 돼요. 너무 슬프겠
지만. 꼭 목숨을 거는 것만 용감한 건 아니에요."

일리 있는 말이죠. 세진이는 명수라는 인물에게 공감하면서도
상황을 자기 방식으로 판단한 것입니다.

독서교실 수업에서 "제 생각은 달라요"라는 말은 늘 반갑습니
다. 그 '다른 생각'을 해보기 위해 책을 읽는 것이니까요. 아이가
다른 생각을 가지고 있다면 일단 환영할 일입니다. 그런 다음에

는 내용을 잘 이해한 것인지 확인하고, 다른 생각의 근거를 말해 보게 합니다. 저는 대체로 지지하고 "좋은 이야기를 해줘서 고마워. 나도 더 생각해볼게" 하고 결론을 열어두는 편입니다.

물론 아이가 말하는 근거는 미약하고, 어른의 입장에서 보면 마땅치 않을 때도 있습니다. 하지만 이 순간에는 아이가 독립적인 생각을 했다는 점이 더 중요합니다. 경우에 따라 아이와 토론하거나 생각이 바뀌도록 유도할 수도 있지만 이때도 작가의 편을 들 게 아니라 중재하는 자리에 서려고 노력합니다. 아이는 지금 선생님, 부모님이 아닌 작가와 토론을 하고 있는 셈이니까요.

넷째, 비평가가 되어 말해요

국내외 가릴 것 없이 문학상을 받은 작품들은 표지에 스티커나 광고 문구로 홍보를 합니다. 사실 아이들은 그 상이 무엇인지, 어떤 의미가 있는지는 잘 모르고 좋은 책이려니 하고 읽을 때가 많죠. 번쩍이는 스티커나 굵은 글자들은 '1등', '모범', '뛰어남' 같은 느낌을 주니까요.

경우에 따라 세부 내용은 다르겠지만 대부분의 문학상은 예심, 본심 등을 거쳐 심사위원들의 회의를 통해 수상작이 결정됩니다. 만장일치로 수상이 결정될 때가 있는가 하면 심사위원들 사이에 의견이 나뉘어 토론이 진행될 때도 있습니다. 달리 말하면 문학상 수상작이라고 해도 누군가는 상을 주는 데 반대했을 수도 있다는 뜻입니다.

'만일 내가 심사위원이라면 이 작품에 상을 주고 싶었을까, 아니면 반대했을까? 반대의 근거를 어떻게 대면 좋을까?' 심사평을 말해보면 작품을 객관적으로 평가하는 입장이 되어볼 수 있습니다. 이럴 때는 아이들도 단순히 자기 마음에 드는지 여부보다 작품의 주제며 전개 방식, 주인공의 말과 행동을 근거로 들어 말하려고 노력합니다.

3학년 혜지는 일본 니이미 난카치 아동문학상을 받은 『최악의 짝꿍』(하나가타 미쓰루 글, 정문주 그림, 주니어김영사)에서 따돌림당하는 소메야를 이용하려 한 가오루의 행동이 잘 이해되지 않지만, '두 사람 이야기가 왔다 갔다(두 주인공이 장마다 번갈아 화자가 됩니다.) 하는 점이 재미있고, 친구를 따돌리는 문제에 대해 잘 생각해보게 하는 점이 좋아서' 상을 주겠다고 하더군요.

아람이는 국내 주요 출판사의 문학상 수상작 네 편을 읽고 각각의 심사평을 들려준 적이 있습니다. 아람이에게는 말하지 않았지만, 전체적으로 제 의견과 비슷했다는 점이 재미있었습니다. 제가 결말이 허술하다고 생각한 작품에 대해 아람이는 "이 책은

2권이 나와야 끝날 것 같아요"라고, 문제 해결 과정이 너무 싱겁다고 생각한 동화를 두고는 "제가 읽기엔 좀 유치한데, 이런 걸 좋아하는 애들도 있을 거예요"라고 했고요. 이야기는 자연스럽지 않지만 주인공이 긍정적이어서 좋다고 생각한 작품에는 "주인공이 큰 꿈을 가지게 되는 결말이 좋아요"라고 심사평을 밝혔죠. 그러면서 『쿵푸 아니고 똥푸』(차영아 글, 한지선 그림, 문학동네)를 두고는 이렇게 말했습니다.

"이 책에는 아쉬운 점이 없어요. 이 책은 얘기가 세 편이니까 (단편 동화집입니다.) 하나씩 말해볼게요. 「라면 한 줄」은 생쥐 라면 한 줄이 실수로 나서게 됐는데도 용감하게 할 일을 해냈어요. 고양이를 살린 점이 좋고, 또 '사랑이 이긴다'라는 뜻이 좋아요. 이 얘기가 제일 좋았어요. 「오, 미지의 택배」는 봉자(개)가 죽은 거여서 너무 슬펐어요. 그런데 봉자가 보내준 운동화를 신고 미지가 하늘나라로 달려가서 잠깐 만났잖아요. 그게 참 잘되었어요. 그리고 끝에 지렁이, 벚꽃한테도 인사를 하는 게 좋았어요. 「쿵푸 아니고 똥푸」는 탄이가 실수를 했는데 똥푸가 용기를 북돋워주고 친구가 되어준 게 좋아요."

이 책의 뒤에는 김지은 아동문학평론가의 심사평이 실려 있습니다. 사용한 말은 다르지만, 아람이가 짚은 각 작품의 특징은 아주 비슷합니다. 덧붙여 저는 아람이가 '북돋워준다'는 표현을 써서 내심 놀랐습니다. 이 말을 알고 있는 것도 놀라웠지만 맥락을 보니 뜻도 정확히 알고 있더군요. 그대로 받아 적어도 심사평이 될 만큼 좋은 비평이라고 생각했습니다.

다양한 방식으로 작품의 좋은 점과 아쉬운 점을 말해보세요. '재미', '교훈', '감동' 등 여러 키워드를 두고 점수를 매겨볼 수도 있습니다. 책에 따라 스스로 키워드를 만들 수도 있고요. 유호는 책마다 네 가지 항목을 설정해 점수를 매깁니다. 항목은 그때그때 조금씩 달라지죠.

예를 들어 『플루토 비밀 결사대』(한정기 글, 유기훈 그림, 비룡소)를 읽고는 '스릴'이라는 항목을 특별히 만들어 10점 만점에 10점을 주었습니다. 『속담 그림책』(고미 타로 글과 그림, 한림출판사)에는 '추천, 지식, 재미, 창의성' 네 항목 각각에 10점을 주기도 했고요. 이렇게 항목을 여럿 두면 책을 여러 관점에서 평가할 수 있다는 사실을 알게 됩니다. 스스로 그 책에 어울리는 평가 항목을 떠올리는 것이 바로 '비판적 읽기'임은 말할 것도 없지요.

독후활동

4 동화책, 읽고 무엇을 할까?

보통 어른들은 소설을 읽었다고 해서 마음에 드는 장면을 그림으로 그리거나 낱말의 뜻을 맞히거나 게임 등의 '활동'으로 독서를 정리하지 않습니다. 적극적인 독자라 해도 간단히 메모를 하거나 글을 쓰는 정도죠. 다른 독자들을 만나 이야기를 나누고 작가의 강연회에 찾아갈지언정, '독후활동'을 하는 경우는 없습니다.

저는 아이가 동화를 읽었을 때도 마찬가지여야 한다고 생각합니다. 어설픈 활동은 감상을 방해할 뿐 아니라 독서를 번거로운 것, 또는 무언가를 하기 '전'에 하는 일로 느끼게 합니다. 아주 재미있는 활동이라고 해도 문제입니다. 책이 아니라 활동이 기억에 남는다면 굳이 책을 읽어야 할까요?

동화를 읽은 뒤 할 수 있는 가장 적절한 활동은 바로 글을 쓰는 것입니다. 독서기록장에 남기는 소감 말고, 짧더라도 완결된 독후감상문을 써보는 것이 생각을 정리하는 데 훨씬 도움이 됩니다. 읽은 책마다 독후감상문을 쓰기는 어렵고, 또 필요하지도 않습니다. 감명 깊게 읽은 책, 깊이 생각해볼 만한 책에 대해서만 쓰면 됩니다. 공들여 쓴 글은 나중에 읽어도 의미가 바래지 않습니다.

첫째, 줄거리를 쓸까요, 말까요?

'독후감상문은 말 그대로 감상을 기록하는 글이므로 줄거리는 필요하지 않다', 나아가 '글을 읽는 사람이 그 책을 읽어서 내용을 알고 있다는 전제 하에 써야만 알찬 글이 된다'는 의견이 있습니다. 줄거리는 책의 내용을 소개하는 것이므로 글쓴이의 개성, 생각, 느낌을 드러낼 수 없다는 점에서 감상문에는 불필요하다는 거죠.

그런데 저는 독후감상문을 한 편의 독립된 글이라고 봅니다. 글의 완결성을 위해서는 줄거리를 쓰는 편이 좋고요. 숙제같이 검사받는 글이라면 글을 읽는 사람이 책의 내용을 안다고 가정할 수도 있습니다. 하지만 그 글은 독립된 글이라기보다 책을 읽었다는 보고서에 가까울 것입니다. 독립된 글이라면 글쓴이가 독자에게 감상을 말하기 전에 무엇을 읽었는지 알려주는 것이 맞습니다. 그래야 독자도 글쓴이의 생각과 느낌에 공감할 수 있기 때문입니다.

요령 없이 줄줄 쓰는 것이 문제지, 줄거리 자체는 감상문의 한 요소입니다. 줄거리는 글쓴이가 책의 내용과 중심 사건을 잘 파악했는지 증명하는 것이기도 합니다. 어떻게 요약하느냐에 따라 글쓴이의 개성도 드러나고요. 전체 글의 분량을 어림해서 너무 많은 부분을 차지하지 않도록 조절하면 됩니다. 처음부터 줄거리를 몇 문장으로 쓸지 정하는 것도 하나의 방법이겠죠.

둘째, 글쓰기 형식을 이해해요

앞서 자세히 살펴본 것처럼 줄거리와 주제를 말로 표현할 수 있다면 어느 정도 쓸 거리가 나온 셈입니다. 그렇다고 해서 말한 것이 곧장 글이 되지는 않습니다. 막상 쓰려고 하면 어떻게 시작해야 될지, 막막할 때가 많지요. 그럴 때는 형식의 도움을 받을 수 있습니다. 아이에게 글쓰기 형식을 가르치는 이유는 공식대로 쓰게 하려는 게 아니라 글을 구성하는 방법을 배우게 하려는 것입니다.

일정한 형식은 글쓰기를 안내하고, 쓰는 이에게나 읽는 이에게나 안정감을 줍니다. 주어진 틀에서도 충분히 창의적으로 쓸 수 있습니다. 글쓰기에 익숙해지면 스스로 형식을 만들어 쓸 수도 있게 되고요.

독후감상문1 질문에 답하는 독후감상문 쓰기

좋은 독후감상문은 책을 읽고 글을 쓰면서 자신의 생각이 발전했거나 정리되었음을 보여주는 글입니다. 그 방법 중 하나가 주제와 연관된 질문을 떠올리고, 거기에 답하는 형식으로 쓰는 것입니다. 이때의 질문은 글의 요지를 세우기 위한 것이지, 글쓴이가 정말 '알고 싶은' 내용이 아닙니다.

만일 자신이 떠올린 것이 정말 중요한 질문 같은데 글 안에서 스스로 답을 낼 수 없다면 어떻게 해야 할까요? 주제로 삼기보다 결론에서 '더 생각해보고 싶은 것'으로 덧붙이는 편이 좋습니다.

스스로 질문을 만드는 것이 가장 좋지만, 아직 아이에게 연습이 필요하다면 몇 가지 예를 준 뒤 거기서 골라서 쓰게 해도 됩니다. 단, '골라서' 쓰는 것이 중요합니다. 아이에게 주어진 질문이 한 가지라면 그것이 작품 해석의 유일한 길로 여겨질 수 있기 때문입니다.

<질문하기> 기본 형식

| 줄거리 요약 | 주어진 질문 (또는 스스로 떠올린 질문) | 답 |

위 내용을 기본 형식으로 삼아 글을 쓰면서 책에 대한 소감을 덧붙이면 한 편의 독후감상문이 완성됩니다. 『별을 헤아리며』를 읽고 아래 질문 중 하나를 골라서 답을 찾으며 독후감상문을 써 보세요.

- 진정한 용기란 무엇일까?(안네마리의 생각과 나의 생각 비교하기)
- 유대인 학살에 대한 이야기인데 작가는 왜 덴마크 사람 입장에서 썼을까?
- 페테르가 목숨을 바쳐가며 레지스탕스 활동을 한 이유는 무엇일까?
- 안네마리의 엄마는 안네마리가 밤에 혼자 길을 나설 때 어떤 마음이었을까?
- 피난 생활을 하느라 부모님과 떨어져 있을 때 엘렌은 어떤 생각을 했을까?

평가하는 독후감상문 쓰기

심사평 말하기에서 살펴본 것처럼 작품을 평가하는 위치에서 글을 쓰면 객관적이면서도 관점이 드러나는 글을 쓸 수 있습니다. 아이가 줄거리 쓰기를 어려워한다면 중요한 등장인물, 내용상 중요하다고 생각하는 장면, 인상 깊은 표현 등을 소개하고 평가를 붙여 독후감상문을 써보게 하세요. 이때 평가에는 반드시 이유가 있어야 합니다. 평가 자체보다 그렇게 평가한 '이유'에 글쓴이의 생각이 드러나기 때문입니다.

<평가하기> 기본 형식

소개와 평가 (인물, 장면, 표현 등)	이유

『흥보전』을 읽고,

내가 읽은 책은 『흥보전』이다. 흥부는 박을 타서 돈을 얻고, 놀부는 쫄딱 망하는 이야기다.

물론 흥부는 매우 착하고 성심이 고와 사람들을 도와주는 모습이 좋았지만, 자기 처지는 생각하지 않는 걸 보고 속이 터질 뻔했다. 나중에는 박을 타 금은보화와 온갖 약을 얻었지만, 그래도 그 전 행동은 생각이 없는 것 같다.

그리고 놀부. 돈이 많으면 뭐 하나, 사람들을 괴롭히고 나쁜 짓만 하는데 골칫덩어리지. 하지만 박 때문에 모든 재산을 빼앗기고, 맞고, 죽을 고비까지 넘겼다. 아주 쌤통이지만 약간 불쌍하기도 했다.

제비들은 사실 이 문제의 시작이자 끝이다. 흥부에게 은혜 갚으려고 박씨 가져다 부자 만들어주고, 놀부는 자기 다리를 부러뜨렸다고 죽을 지경으로 만들다니. 사실 제비가 나쁜 놈을 벌주고 착한 사람은 상을 주어 좋지만 내 생각에는 인간사에 너무 관여하는 것 같다.

그래서 내가 생각하기에 이 책은 '착한 사람은 상, 나쁜 사람은 벌'로 확실히 나뉘어 있지만 나에겐 너무 극단적인 것 같아서 별로 마음에 들지 않았다.

6학년 박성찬 씀

독후감상문 3 주인공 외의 인물에게 편지 쓰기

어린이 독후감상문의 단골 형식 중에는 '주인공에게 편지 쓰기'가 있습니다. 편지는 읽을 사람, 즉 독자가 분명하고 말하듯이 쓸 수 있어서 아이에게 부담이 적습니다. 그런데 주인공이 실제로 편지를 받는 것도 아니고, 편지를 주고받는 사람들 사이에 교감이 있을 리도 없으니 결국은 형식적인 글이 되기 쉽죠. 주인공에 대해 생각한 것보다는 궁금한 것을 늘어놓거나, 자기와 비교해 주인공의 뛰어난 점이나 부족한 점을 쓰는 식으로요.

편지 쓰기 형식을 빌린다면 주인공 말고 다른 사람에게 쓰도록 해보세요. 이 책을 추천하고 싶은 친구나 가족 등에게 책을 소개하고 추천하는 이유, 읽고 나서 같이 얘기해보고 싶은 것 등을 적으면 훨씬 구체적인 글이 됩니다. 자신이 책 속에 등장하는 한 인물이 되어 책 속의 다른 등장인물에게 편지를 써보는 것도 좋습니다.

『오이대왕』의 독후감상문으로 볼프강 아버지가 볼프강에게 쓰는 편지를 적어보면 어떨까요? 아마 그간의 일에 대한 변명과 사과, 앞으로의 다짐 등이 적힐 것입니다. 만일 아버지가 변할 리 없다고 생각하는 아이라면, 여전히 고압적인 자세로 글을 쓰겠고요. 형식은 같아도 아이의 성향에 따라 개성이 드러나는 글이 완성될 것입니다.

4장

메타 인지 능력을
키우는

지식책
말하기

지식책은?

1 지식책 말하기는 '아는 것'과 '아는 것 같은' 느낌을 구분해줘요

　교육에서 독서의 중요성이 강조되지 않은 때는 없지만 시대의 흐름에 따라 이야기하는 지점은 달라져왔습니다. 교육의 기회가 귀하고 학습 경로도 다양하지 않던 시절에는 '마음의 양식'이나 '교양'을 쌓기 위해 책을 읽어야 한다고 했죠. 대학 입시 경쟁이 치열해지면서부터는 논술 시험에 대비해 '배경지식'을 얻으려면 '독서가 필수'라고 강조했습니다. 요즘은 대학수학능력시험 대비 읽기 능력을 향상시키려면 책만 한 것이 없다고 합니다. 또 학생부종합전형 평가를 위해 진로와 관련된 독서 이력을 쌓아야 한다고도 하고요. 아이들이 책을 읽어야 할 이유를 말할 때는 결국 이 모든 주장들이 동원됩니다.

독서가 마음과 생각을 살찌운다는 것은 변치 않는 사실입니다. 오늘날 우리를 즐겁게 하고 세상으로 안내하는 콘텐츠는 너무나 다양하지만 책만큼 자기 마음을 내밀하게 들여다보게 하고, 자기 힘으로 생각하게 하는 것은 없습니다. 특히 자극이 넘쳐나는 시대에 온전히 자기 힘으로 몰입하는 시간은 귀하기까지 합니다. 독서가 그 시간을 만들어내고요.

읽기 능력이 성적과 연결되는 것도 사실입니다. 독서교실의 한 아이는 학습지를 하거나 학원에 다니지 않는데도 4학년, 5학년 내내 거의 전과목 100점을 받고 있습니다. 비결을 물으니 "교과서를 읽고, 전과에 있는 문제를 풀고, 그러고 나서 시험 보면 돼요"라는 다소 싱거운 답을 내놓았습니다. 이 아이는 책을 좋아하고 수준 높은 책도 곧잘 읽습니다. 읽기에 능숙하고 어려운 글도 두려워하지 않는 아이다 보니, 과목과 상관없이 교과서도 쉽게 이해하는 것입니다. 그러니 연습 문제를 풀어보는 것으로 시험 대비가 끝나는 거죠.

중고등학생이 되어도 마찬가지입니다. '읽기'를 잘하면 국어뿐 아니라 여러 과목 공부에 도움이 됩니다. 특히 대학수학능력시험은 '얼마나 많이 아는가'보다 '이것을 이해할 수 있는가, 이 문제를 해결할 수 있는가'를 묻는 시험입니다. 낯선 지문과 문제의 의도를 이해할 수 있어야 좋은 점수를 얻습니다. 바꿔 말하면, 제대로 읽을 수 있으면 풀 수도 있다는 겁니다. 국어 영역은 물론이고, '영어로 된 국어 시험'이라 불리는 영어 영역, 다양한 자료를 판독해야 하는 탐구 영역에도 읽기 능력은 영향을 끼칩니다. 심지어 수학 영역도 지문을 이해하지 못하면 계산을 시작할 수 없죠. 이것이 바로 많은 입시 전문가들이 국어 영역 점수가 수능 성적의 척도라고 말하는 이유입니다.

학생부종합전형을 위해 독서 이력을 쌓는 것은 독서를 도구화하는 기조라 씁쓸하기도 합니다. 그래도 이런 계기로나마 책을 읽고, '진로 독서'가 학생들이 길을 찾는 데 도움이 된다면 다행이죠. 많은 경우 입시 자체가 목적이 되어 독서의 의미와 폭이 좁아지는 데서 끝나는 것 같아 안타깝습니다.

한편으로는 그만큼 대학과 사회가 요구하는 인재가 '읽을 줄 아는 사람'이라는 것을 확실히 알 수 있지만요.

그렇다면 독서로 배경지식을 얻는다는 주장은 어떨까요? 저는 이제 이 말이 절반만 맞는 시대가 되었다고 생각합니다. 우리가 지식을 접하는 길은 책 말고도 많습니다. '검색'은 지식을 둘러싼 풍경을 완전히 바꿔놓았습니다. 인터넷은 생활 정보부터 문학 작품 요약과 해석까지 사용자가 궁금해하는 거의 모든 것을 알려줍니다. TV 채널은 날로 늘어나고, 거기서 전송되는 정보도 넘처납니다. 스마트폰을 통해 손 안으로 들어오는 사진과 동영상은 정보를 알기 쉽고 간편하게 전달하고요. 오늘날의 지식과 정보는 도처에 있고 언제든지 찾아볼 수 있습니다.

문제는 정보가 너무 많다는 것입니다. 무엇을 믿어야 할지 알기 어렵습니다. 윤리적으로 옳지 않은 주장이 지식으로 포장되어 돌아다니는 일도 부지기수입니다. 또 정확히 알고 싶은 것에 도달하기까지 불필요한 정보를 헤쳐나가야 하고, 그사이 주의가 흐트러져서 애초에 찾고 싶었던 것이 무엇인지조차 잊고 길을 헤매기도 합니다. 각종 매체는 우리가 궁금해하지 않는 것까지 가르쳐줍니다. 호기심을 유발할지는 몰라도 여기에서 지적 자극을 얻기란 어려운 일이죠. 깊이 생각하기가 점점 어려워지는 것입니다.

인지심리학자이자 신경과학자인 대니얼 J. 레비틴은 『정리하는 뇌』(와이즈베리)에서 "정보에 대한 즉각적인 접근은 우리가 그 해결 방법을 훈련받지 못한 새로운 문제점을 만들어냈다"고 지적하면서 아이들에게 '여기저기 펼쳐져 있는 수많은 정보를 평가하는 법, 어느 것이 진실이 아닌지 구별하는 법, 편견과 반쪽 진실을 확인하는 법, 그리고 비판적이고 독립적으로 생각하는 사람이 되는 법'을 가르쳐야 한다고 주장합니다.

그런데 그런 것을 어떻게 가르칠 수 있을까요? 책을 읽어야 합니다. 책이 바로 그렇게 쓰이고 만들어지기 때문입니다.

작가는 아는 것을 가지고 대충 책을 쓰지 않습니다. 정보를 최대한 모은 다음 가치 있고 믿을 수 있는 것을 가려냅니다. 아무리 어렵게 얻은 정보라도 필요 없으면 버리고, 일반적인 정보는 자신만의 관점으로 새롭게 해석합니다. 편집자는 내용의 오류를 바로잡고, 작가의 기획이 전달될 최선의 방법을 고민해 책을 만듭니다. 그렇기 때문에 책에는 양질의 정보가 담깁니다.

또 좋은 지식책은 작가가 질문을 떠올리고 자료를 수집하는 과정, 가설을 세우고 증명하는 과정, 단편적인 정보들을 체계화하여 의미 있는 지식으로 만드는 과정을 담고 있습니다. 과학책을 읽으면 과학자처럼 생각하고 전달하는 방법을, 역사책을 읽으면 역사학자처럼 생각하고 전달하는 방법을 배울 수 있습니다. 즉각적인 검색과 다른, 연구의 가치와 보람도 배울 수 있죠. 인터넷과 TV 속 정보가 필요 없다는 말은 아닙니다. 아이가 전문가의 존재를 인정하고 지식의 가치를 알아야 지적으로 올바르게 성장할 수 있다는 것입니다.

그러므로 책으로 배경지식을 얻는다는 말은 절반만 맞습니다. 책만 배경지식을 주는 것은 아니지만, 책이 가장 좋은 지식을 줍니다. 게다가 오늘날 아이에게 가장 절실한 능력, 즉 '생각하는 능력'을 키울 수 있게 돕습니다.

사실 저는 배경지식보다 이 점이 더 소중하다고 생각합니다. 반면 엉성한 이야기를 빌려 정보를 나열하는 책은 아이가 지식을 외면하게 만듭니다. 일정한 기획에 기대어 소재만 바꿔가며 독자를 부르는 학습만화는 책을 읽는 느낌을 줄 뿐 깊은 독서로 이끌지는 못합니다.

지금부터는 지식책을 읽고, 배우고, 생각한 것을 말하면서 정리하는 방법에 대해 소개하려 합니다. 새로 알게 된 것이나 생각한 것을 말해보면 실제로 아이가 갖고 있는 지식의 모습이 드러납니다. 읽기만 했을 때는 아는 것 같고, 생각이 달라진 것 같은데 막상 말해보면 그렇지 않을 때가 많죠. '아는 것'과 '아는 것 같은 느낌'은 전혀 다릅니다. 무엇을 알고 무엇을 모르는지 아는 것이 배움의 출발점입니다. 아시다시피 이것이 더 깊은 지적 탐구를 가능하게 하는 '메타 인지(metacognition) 능력'입니다.

2 지식책, 어떻게 읽을까?

첫째, 교과 연계가 아닌 관심 연계로 읽어요

어린이 지식책은 학습과 연관되어 이야기될 때가 많습니다. 이른바 '교과 연계 도서'라는 말은 학교에서 배우는 내용, 즉 교과서를 이해하는 데 도움이 된다고 홍보하는 말입니다. 학교 수업에서 우주에 대해 배운다면 우주에 대한 책을 읽으라고 권하는 식이죠. 수업을 계기로 어느 정도 관심이 생겼을 때 책을 통해 더 많은 지식을 얻는다면 좋겠다는 취지일 겁니다. 또 요즘은 아이라고 해서 시간이 넉넉한 게 아니니, 한 권을 읽더라도 기왕이면 학교 공부에 도움이 되는 책을 읽기를 바라는 마음에 '교과 연계 도서'를 권하기도 합니다.

그런데 이런 관점에서만 골라 읽게 되면 지식책은 학습 부교재에 머물 수밖에 없습니다. 또 학교 진도와 명확히 연결되지 않는 주제를 다루거나 새로운 관점을 가진 책들을 읽을 기회가 사라지기도 하죠. 사실 학습에 도움이 되기로 따지면 애초에 교재로 개발된 참고서가 훨씬 효율적입니다. 아이로서는 굳이 '책'을 읽을 필요를 느낄 수 없습니다.

아이와 읽을 지식책을 고를 때는 '교과 연계'보다 '관심 연계'를 우선으로 생각해주세요. 아이가 관심을 보이는 분야에서 출발하는 것이 좋습니다.

때로는 부모님이나 선생님이 관심 있는 분야로 아이를 이끄는 것도 필요합니다. 어른은 아이보다 경험과 지식이 많기 때문에 주제를 잘 고를 수 있고, 자신이 관심 있는 분야라면 아이와 함께 읽으며 더 잘 가르쳐줄 수 있기 때문입니다. 관심과 관심을 연결하는 것도 좋겠죠.

연말에 여러 나라 어린이들이 새해를 맞이하는 모습을 그린 『동그란 지구의 하루』(안노 미쓰마사 외 글과 그림, 아이세움)를 읽고 문화 차이에 관심이 생겼다면 『세계와 만나는 그림책』(무라타 히로코 글, 테즈카 아케미 그림, 사계절)을 읽으면서 세계 곳곳 사람들의 서로 다른 생김새와 삶의 모습을 배울 수 있을 겁니다.

아이의 관심은 교과서 밖에 더 많이 있습니다. 아이가 살아가는 세상도 교과서 밖입니다. 보고 듣고 경험하면서 만나는 관심거리들을 책과 연결하고, 거꾸로 책을 통해 세상을 만나게해주세요. 그러려면 우선 함께 책을 고르고 읽는 어른부터 시야를 넓게 가져야 합니다.

둘째, 작가 소개는 꼭 읽어요

독서교실에서는 지식책을 읽기 전에 두 가지를 꼭 살피도록 가르칩니다. 그중 하나는 표지 안쪽(책날개)의 '작가 소개' 부분입니다. 지식책 작가들은 대개 해당 분야의 전문가들입니다. 작가의 이력을 살핌으로써 아이는 세상의 다양한 학문 분야를 만나고, 이만 한 전문가가 되기 위해 어떤 공부와 일을 해야 하는지 배울 수 있습니다.

『이상희 선생님이 들려주는 인류 이야기』(이상희 글, 이해정 그림, 우리학교)의 작가 소개는 이렇게 시작합니다.

이상희 선생님은 우리나라는 물론 아제르바이잔과 몽골 같은 세계의 발굴 현장을 직접 누비며 옛날 인류의 화석을 연구하는 고인류학자입니다. 우리나라에 고인류학에 대한 이해가 거의 없을 때 과감하게 해외로 나가 한국인 최초의 고인류학 박사가 되었습니다.

'고인류학'이라는 낯선 학문은 무엇이고, 고인류학자는 연구를 어떻게 진행하는지 알 수 있죠. 또 이러한 전문가가 쓴 글임을 확인했으니 신뢰를 가지고 독서를 시작할 수 있습니다.

『세계의 빈곤, 게을러서 가난한 게 아니야!』(김현주 글, 권송이 그림, 사계절)에 글을 쓴 작가는 대학에서 정치외교학을 공부하고, 대학원에서는 빈곤과 불평등에 대해 공부했다고 소개됩니다. '지금은 공부한 것을 바탕으로 전 세계 아동을 돕는 국제구호개발 NGO에서 일합니다'라는 설명도 있습니다. 이런 것을 읽으면 아이에게 NGO에 대해 설명할 기회가 생깁니다. 또 이 책에 현장에서 활동하는 사람의 경험과 생각이 담겨 있으리라 짐작할 수 있고요.

작가가 연구자나 전문 직업인이 아니어도, 왜 이 책을 썼으며 책을 쓰기 위해 어떤 노력을 기울였는지 살펴보세요. 그간 어떤 책을 써왔고, 무엇을 공부하고 있는지도 확인해보고요. 이것이 읽어볼 만한 가치가 있는 책일지 판별할 때도 도움이 됩니다.

셋째, 차례를 잘 이해해요

지식책을 읽기 전에 반드시 살펴야 하는 두 가지 중 나머지 하나는 '차례'입니다. 잘 만들어진 책이라면 차례만 봐도 책의 내용이 한눈에 들어옵니다. 작가가 지식과 정보를 정리한 관점, 논지를 펼쳐가는 방식도 알 수 있고요. 한마디로 지식을 어떻게 구조화했는지 볼 수 있습니다. 차례는 짜임새 있는 글을 쓰는 데도 하나의 모범이 됩니다.

『세계의 빈곤, 게을러서 가난한 게 아니야!』

『세계의 빈곤, 게을러서 가난한 게 아니야!』는 전 지구적 관점에서 경제 불평등 문제를 다루는 책입니다. '빈곤'에 대한 선입견을 바로잡는 데서 시작해 빈곤의 역사적인 이유와 현대의 이유를 짚

고, 가장 중요한 이슈인 식량 문제를 깊이 다룬 다음, 국제 사회
가 협력할 부분을 지적하고 우리가 할 일을 제안하면서 끝을 맺
습니다. 12개의 장 제목만 연결해 읽어도 이 점을 파악할 수 있
습니다. 더 단순하게 보면 '문제 제기 → 원인 알기 → 대안 제
시' 순서인데, 독서교실 수업 역시 이 틀에 맞추어 진행했습니다.
내용과 형식이 모두 공부의 재료가 된 셈이죠.

　『소리로 만나는 우리 몸 이야기』(임숙영 글, 김고은 그림, 미래아이)
는 귀의 구조와 소리가 전달되는 원리, 몸에서 나는 소리, 음악,
소음 등을 다룹니다. 설명이 쉽고 재미있는 책인데 내용이 많
아서 읽기 전에 아이가 부담을 느낄 수도 있습니다. 이럴 때는
꼭 전체를 꼼꼼하게 읽지 않
아도 됩니다. 독서교실에서는
이 책을 읽기 전에 아이들과
차례를 살피면서 자세히 읽을
부분을 두 군데 정했습니다.

　먼저 1장 '소리 듣는 귀'는
책의 중심 내용이자 기초 지
식에 해당되므로 되도록 꼼꼼
히 읽기로 했습니다. 그리고
각자 가장 재미있어 보이는

『소리로 만나는 우리 몸 이야기』

장을 골라 자세히 읽은 뒤 수업 때 이야기를 나누기로 했죠. 나머지 부분은 편안한 마음으로 재미있게 읽으면 됩니다.

차례는 잘 편집된 예고편과도 같습니다. 어떤 내용이 펼쳐질지 짐작하게 하는 것도 차례의 역할입니다. '재미있을 것 같다', '유익할 것 같다'는 기대감 역시 독서의 한 부분입니다. 반대로 차례 구성이 산만하거나 뻔해 보인다면 책에 담긴 내용도 그럴 가능성이 높습니다. 책을 고를 때 참고해보세요.

넷째, 실속 있게 읽어요

유아나 저학년 아이들을 대상으로 한 지식책이라면 책 전체를 되도록 한 번에 읽는 것이 좋습니다. 하지만 고학년 아이들을 대상으로 만들어진 지식책은 그렇게 하기가 어렵습니다. 분량도 많고 정보의 밀도도 높기 때문이죠. 이야기책처럼 줄거리가 있는 것도 아니어서 책장을 넘기는 속도가 더딥니다. 대부분의 아이들이 학년이 올라갈수록 지식책과 멀어지는 이유 중 하나이기도 합니다.

그런데 지식책은 꼭 처음부터 끝까지 순서대로 읽지 않아도 됩니다. 차례를 살펴서 재미있을 것 같은 부분, 필요한 부분을 먼저 찾아볼 수도 있습니다.
읽다가 낯선 개념이 나오면
그때 앞뒤를 뒤적여 관련
정보를 찾으면 됩니다. 책
한 권을 통째로 이해하는
것보다 책을 펼쳐 보는 경
험을 자주 갖는 것이 더 중
요합니다.

『세계 자연유산 답사』

　어떤 지식책은 사진이나
그림만 봐도 됩니다. 『세계
자연유산 답사: 꼭꼭 숨어 있는 지구의 비밀』(허용선 글과 사진, 사
계절)에는 사진기자 출신 작가가 촬영한 자연유산 사진들이 거의
모든 페이지에 실려 있습니다. 갈라파고스 제도, 태즈메이니아 야
생 지대 등 세계 곳곳의 멋진 풍광뿐 아니라 그곳에 살고 있는 멸
종 위기 동식물들이 사진에 등장합니다. 마치 꼼꼼한 취재 기사를
보는 것 같죠.

　이런 책은 사진을 보고, 그 아래 적힌 간단한 설명을 읽는 것
만으로도 가치가 있습니다. 인터넷으로 이미지를 검색할 때보
다 사진을 찬찬히 들여다보게 되고, 기억에도 오래 남습니다. 사
진을 보다가 더 관심이 가는 항목을 먼저 찾아 읽는 것도 하나의

독서 방법입니다. 웹 페이지에서 이미지 창을 열고 닫는 대신, 한 권의 책으로 묶여 있는 사진들을 보는 것 자체도 의미 있는 경험이 됩니다.

밑줄을 그으면서 읽는 것도 좋습니다. 저는 독서량이 많은 아이에게는 '요약을 준비하는 자세'로 밑줄을 긋도록 가르칩니다. 그러면 자연스럽게 각 문단 또는 장의 핵심 내용을 찾게 되니까 더 집중해서 읽을 수 있고, 나중에 그 책을 다시 펼쳤을 때 중요한 부분만 골라서 재독할 수 있다는 장점이 있습니다.

아이가 어려워하면 '이건 정말 새롭다' 하고 느낌표를 붙이는 마음으로 밑줄을 긋게 해보세요. 잘 이해가 되지 않는 부분이나 작가와 다르게 생각하는 부분에 밑줄을 그을 수도 있습니다. 다만 항목에 따라 밑줄을 다르게 그어야 의미가 있습니다. 책 내용을 요약한 부분인지, 재미있는 부분인지, 궁금한 부분인지를 한 줄, 두 줄, 물결 등으로 구분해서 표시하는 게 좋습니다.

너무나 당연한 말이지만 밑줄 긋기의 전제는 책이 아이 자신의 소유여야 한다는 것입니다. 도서관 등에서 빌린 책이라면 접착 메모지를 붙이는 것으로 대신하면 되겠지요. 다시 보고 싶은 페이지라면 옆쪽에, 이해가 안 되었던 페이지라면 위쪽에 붙이는 식으로 규칙을 정할 수도 있습니다.

어떤 방식이든 적극적으로 이해하겠다는 마음가짐으로, 책에 물리적인 흔적을 남기게 해주세요. 지식이 쌓이는 것이 눈에 보이고, 수고했던 만큼 보람도 생깁니다. 이것 역시 인터넷 검색에서는 얻을 수 없는 감각이고, 오로지 읽는 사람만이 가질 수 있는 특별한 기쁨입니다.

말하는 법

3 지식책, 읽고 무엇을 말할까?

첫째, 새롭게 알게 된 지식을 말해요

"알긴 아는데 '설명'을 못 하겠어요."

무엇을 물었을 때 아이들이 종종 하는 말입니다. 대부분은 핑계가 아닙니다. 표정만 봐도 정말 답답해하고 있다는 것을 알 수 있지요. 때로는 설명을 못 하는 것이 마치 적절한 표현을 못 찾아서인 것도 같은데, 독서교실에서는 그럴 때 "순서에 상관없이 말해보자", "비슷하게라도 말해보자", "나중에 고칠 거니까 일단 말해보자"라는 말로 독려합니다. 그런데 그렇게 이야기를 해보면 아이가 내용을 '모르고' 있을 때가 많습니다. 본인의 생각과 달리, 아는데 설명을 못 하는 게 아니라 몰라서 설명을 못 했던 거죠. 결국 말을 해봐야 무엇을 모르는지 알 수 있고, 또 배울 수도 있습니다.

어렴풋이 알고 있던 것도 그것에 대해 말하다 보면 지식이 또렷해지기도 합니다. 공부할 때 어렵고 헷갈렸던 부분을 친구나 동생에게 설명하면서 갑자기 이해가 된 경험을 가진 분이 적지 않으실 겁니다. 혼잣말로 스스로에게 설명하면서 문제를 풀면 막히는 부분, 즉 잘 모르는 부분이 어디인지 정확히 드러나기도 하죠. 말하기는 여러 면에서 지식을 체화하는 데 도움이 됩니다.

『내 이름은 파리지옥』(이지유 글, 김이랑 그림, 웅진주니어)은 식충식물인 파리지옥의 눈과 입을 빌려 늪지대 식물들이 살아가는 모습을 알리는 책입니다. 이른바 '공주병'인 파리지옥은 제 모습과 습성을 뽐내는 한편 어린 '치즈 잎' 몬스테라에게 식물의 생태를 알려주고 함께 배워가면서 독자들을 과학의 세계로 이끌어주죠.

저학년 아이들과 이 책을 읽은 뒤 활동지에 '식충식물, 기공, 물관, 체관, 광합성, 파리지옥이 잡아먹을 곤충의 크기를 재는 법, 식물 잎사귀가 초록색으로 보이는 이유, 나뭇잎의 모양이 저마다 다른 이유' 등의 단어를 제시했습니다. 그리고 이것들을 설명할 수 있는지 물었죠. 처음에는 자신 있게 말할 수 있다던 아이들도 실제로 말을 해보면 자신이 잘 모르고 있다는 사실에 당황합니다. 재미있게 읽는 것은 좋지만 그것만으로 지식이 자기 것이 되지는 않습니다.

확인하고 싶은 내용이 있다면 몇 번이든 책을 다시 들춰 봐도 좋습니다. 그리고 만족스럽게 설명을 마친 단어나 문구에 동그라미를 쳐보세요. 그러면 아는 것과 모르는 것이 곧장 눈으로 확인됩니다. 동그라미가 많을수록 뿌듯하기도 하고요.

『세계 자연유산 답사』를 읽고 직접 가보고 싶은 곳을 골라보자고 한 적이 있습니다. 4학년 아이들에게 가장 인기 있는 장소는 갈라파고스 제도였습니다. 다윈의 진화론으로 유명해진 이 섬들은 아이들 말마따나 이름도 멋진 느낌이고, 희귀한 동물도 많이 살고 있어 아이들의 호기심을 끌었지요.

그런데 막상 아이들에게 "갈라파고스 제도는 어디에 있을까?" 하고 물었을 때는 아무도 대답하지 못했습니다. 답은 남아메리카, 에콰도르입니다. '가보고 싶은 곳'이라면 위치를 알아야 하죠. 곧장 지도에서 에콰도르의 위치를 확인했습니다. 그리고 갈라파고스 제도에 사는 희귀 동물들의 이름을 적어보고, 외워보았습니다. 이런 지식은 정답을 찾아 적는 것보다 확실히 기억하는 것이 더 중요합니다. "갈라파고스 제도에는 신기한 동물이 많다"라고 하는 것과 "에콰도르의 갈라파고스 제도에 가면 푸른발부비새, 군함조, 갈라파고스코끼리거북을 만날 수 있다"라고 하는 데는 큰 차이가 있지요.

둘째, 생각한 것을 말해요

수업을 위해 읽어올 책으로 『아름다운 위인전』(고진숙 글, 경혜원 그림, 한겨레아이들)을 소개했더니 표지를 살피던 아이들이 "이 중에 김만덕만 아는 사람이네요" 하더군요. 나란히 적힌 이지함, 이헌길, 이승휴, 을파소는 처음 들어보는 이름이라는 겁니다. 제목이 왜 '아름다운 위인전'인지도 궁금해했고요. 저는 작가가 이 사람들을 '아름답다'고 하는 이유가 무엇인지 생각하면서 읽어보자고 했습니다.

한 주 뒤 수업을 시작할 때 성찬이는 "이렇게 훌륭한 일을 한 사람들이 있는데 별로 알려지지 않았다는 게 이상해요"라고 소감을 밝혔습니다. '토정'이라는 집을 지어 빈민을 구제한 이지함, 환자를 따뜻하게 살피고 우리 땅에 맞는 치료법을 연구한 이헌길 등 나눔을 실천한 사람들의 이야기에 감명받은 것입니다.

오늘날은 위인전 대신 '인물 이야기'라는 말을 많이 씁니다. 인물을 업적 중심으로 평가하고 칭송하기보다 입체적으로, 객관적으로 조명하려는 시도의 일환이죠. 역할 모델이 될 만한 현대의 인물들이 아이들에게 많이 소개되는 것도 반갑습니다. 다만 그렇다 보니 누군가 유명세를 탄다 싶으면 곧장 그 사람에 대한 이야기가 책으로 우르르 출간되는 것은 걱정스러운 대목이기도 합니다.

그런 뜻에서 독서교실에서는 "위인이란, 훌륭한 사람이란 어떤 사람일까?" 하는 질문을 자주 합니다. 『아름다운 위인전』을 읽었을 때도 마찬가지였습니다. 아이들은 각자 '우리나라를 널리 알린 사람', '세계에 평화를 준 사람', '재능을 크게 발휘한 사람', '할 수 있다는 것을 보여준 사람' 등으로 정의했습니다.

그렇다면 이 책의 저자는 어떤 사람을 위인이라고 정의했을까요? 아이들 말대로 '자기보다 남을 먼저 생각한 사람, 가진 것을 나누어준 사람'입니다. 저자의 관점을 짚어본 것입니다. 저는 다시 물었습니다.

"그런데 이 사람들은 왕이나 장군, 예술가처럼 눈에 보이는 업적을 남긴 것도 아니고, 또 그래서 그만큼 유명하지는 않지. 물론 역사에 남은 것 자체가 의미 있지만 말이야. 그렇다면 이 사람들은 왜 자기가 가진 것을 쏟아부으면서 남을 도왔을까?"

곰곰이 생각하던 성찬이가 대답했습니다.

"스스로 원했으니까요. 옳다고 생각하는 것을 실행했으니까 뿌듯했을 거예요. 그렇다면 그게 만족스러웠을 테고, 그걸로 보상받았을 것 같아요."

지식책이 주는 제일 큰 선물은 이런 깨달음의 순간이 아닐까요? 이 책에 소개된 '덜 유명한' 인물 중 더 많이 알려졌으면 하는 인물을 한 사람씩 뽑고 그 이유를 말해보기로 했습니다. 동건이는 세상 돌아가는 이치에 관심이 많고, 이재(理財)에도 밝은 편이라 토정 이지함의 선견지명과 자선 사업에 대해 말할 거라고 생각했는데, 의외로 이헌길을 알리고 싶다고 했습니다.

"이헌길은 왕족인데도 실학을 공부하고 의술도 공부했어요. 저는 이헌길이 마진(홍역)을 고칠 때 일이 제일 기억에 남았어요. 이헌길이 『두진방』이라는 중국 의서를 보고 환자를 많이 고쳤는데, 어떤 아이들은 더 탈이 나서 고생을 했거든요. 알고 보니까 열 내리는 데 좋다고 가재를 날것으로 먹어서 그런 거였어요. 그래서 이헌길이 책도 중요하지만 우리나라 사람들의 생활 습관을 알아야 된다고 깨닫는 부분이 좋았어요. 그리고 자기에게 이익

될 게 없는 데도 의서를 남긴 것도 훌륭한 것 같아요."

이헌길이 보여준 집념과 실사구시(實事求是)의 태도가 실용주의자 동건이에게 어떤 울림을 주었는지 짐작이 갑니다. 다빈이는 김만덕의 뒷이야기를 알리고 싶어 했습니다.

"김만덕은 학교에서도 배우고 다른 데서도 이름을 많이 들어봤어요. 그런데 이 책을 읽고 정조가 김만덕을 금강산에 보내줬다는 건 처음 알았어요. 저는 이게 많이 알려졌으면 좋겠어요. 왜냐하면 저는 제주 사람들이 뭍에 자유롭게 오가지 못했다는 점은 생각하지 못했거든요. 여자는 김만덕만큼 큰 공을 세워야지만 뭍에 다녀올 수 있었다는 사실이 놀라웠어요. 이런 점도 같이 알려지면 좋겠어요."

이미 알고 있던 것과 더 알게 된 것, 그 사이에 생각한 것을 잘 정리한 말입니다. 김만덕이라는 개인에 대한 이야기에서 시대와 사회상을 읽어낸 점도 좋고요. 지식책을 읽고 생각한 것을 말해보게 하세요. 정보를 일방적으로 받아들이지 않고 논리적으로 읽는 연습을 할 수 있습니다.

셋째, 지식과 나를 연결해 말해요

2018년 평창 동계올림픽이 열릴 무렵, 독서교실 아이들과 함께 신문 기사를 한 편 뽑아 읽었습니다. 「평창 '할랄 푸드 세팅' 끝났습니다(헤럴드경제, 2018년 2월 5일)」라는 기사로 평창을 방문하는 무슬림 선수들을 위해 이슬람 율법에 맞는 음식 '할랄'을 제공하는 셰프를 인터뷰한 내용이었습니다. 무슬림 선수는 전체 참가 선수의 5% 정도밖에 되지 않지만, 종교와 삶이 구분되지 않는 그들의 문화를 존중하는 뜻에서 할랄 푸드존을 마련했다는 것입니다.

낯선 단어가 많은 기사였지만 아이들이 큰 관심을 보였습니다. 연일 올림픽 경기가 중계방송된 덕분이기도 하고, 『이희수 교수님과 함께하는 어린이 이슬람 바로 알기』(이희수 글, 청솔)를 읽고 온 덕분이기도 했습니다. 신문 기사 읽기는 이 책의 수업 전 활동이었죠. 사실 책을 읽기 전에 아이들에게 '이슬람'에 대해 알고 있는 것, 떠오르는 것을 말해보라고 했을 때는 '전쟁, 테러, 폭력, 무장' 같은 단어가 나왔습니다. TV나 인터넷으로 접하는 뉴스에서 얼핏 보고 들은 건데 내용은 잘 모르겠다고도 했고요.

정치 사회 분야에 굵직한 이슈가 있을 때면 아이들도 궁금해합니다. 그런데 TV 뉴스는 너무 빨리 지나가고, 인터넷 동영상은 무엇을 봐야 할지 몰라서 알 기회가 없다고들 하죠. 이 기회에 책으로 알아보자고 하고, 뒤표지에 실린 정보 몇 가지를 읽어 주었습니다. 세계 4대 문명 발상지 중 세 곳이 이슬람 세계에 속하고, 오늘날까지도 이슬람을 따르는 사람이 16억 명이 넘는다는 내용이었습니다.

책을 읽은 뒤 수업에서는 '무함마드, 쿠란, 모스크, 히잡, 라마단' 등 시사 상식으로 알아둘 말들을 익히고, "앗쌀라무 알라이쿰!" 하고 아랍의 인사도 나눠보았습니다.

『조선왕조실록』의 기록에 의하면 세종대왕이 정월 초하룻날 경복궁 경회루에서 외교 사절로 온 이슬람 원로가 쿠란을 낭송하는 소리를 들었다고 합니다. 아이들은 물론이고 저에게도 무척 흥미로운 대목이었습니다. 「신드바드의 모험」, 「알라딘과 요술 램프」, 「알리 바바와 40인의 도적」이 실린 『아라비안나이트』도 아랍의 문학 작품이라고 얘기하는 대목에서 한 아이가 "그런데 「알리 바바와 40인의 도적」은 처음 봐요" 하자 예진이가 갑자기 "열려라 참깨!" 하고 외쳐서 함께 웃기도 했습니다.

수업을 마칠 때는 '내가 하나의 종교를 만들거나 종교의 지도자가 된다면 어떤 가르침을 남길까'를 주제로 글을 써보자고 했습니다. 그런데 주제가 너무 추상적이었는지 다들 어려워하더군요. 제 욕심이 너무 컸던 거죠. 그래서 책에 실린 내용, 이슬람 철학자 메블라나 잘랄루딘 루미가 남긴 말 중에서 제일 마음에 와 닿는 것을 골라 소리 내어 읽어보는 것으로 수업 내용을 바꿨습니다. "용서하라, 또 용서하라", "남에게 친절하고 도움 주기를 흐르는 물처럼 하라", "남의 허물을 덮는 것을 밤처럼 하라" 이런 문장을 읽다 보면, 종교를 초월한 진리를 마주하게 되리라 기대하면서 말입니다.

하울이는 이야기 그림책이나 동화책은 좋아하면서 지식책은 보고 싶어 하지 않습니다. 이유를 물었더니 "그거 공부하는 거 아니에요?" 합니다. 그런 게 아니라고 해도 내켜 하지 않아서, 더 권하지는 않았죠. 대신 하울이의 꿈이 '요리 평론가'인 점에 착안해서 세계의 음식을 구경시켜주겠다고 했습니다.

『세계와 만나는 그림책』은 세계 곳곳 사람들의 생김새, 멋 내는 맵시, 민속 의상, 전통 가옥 등을 한눈에 보여주는 그림책입니다. 하울이에게 이 책을 권하면서 여기 나오는 음식 그림만 봐도 된다고 했죠. 하울이는 독특한 먹을거리와 간식을 소개하는 부분을 제일 좋아했지만 전 세계의 축제나 다양한 인사법도 재미있게 읽었습니다.

역시 세계 문화를 소개하는 『지구촌 문화 여행』(알렉산드라 미지엘린스키·다니엘 미지엘린스키 글과 그림, 그린북)은 각국의 지도에 문화적 특징과 특산물, 음식, 유명 인물 등을 그려 넣은 화려한 그

림책입니다. 하울이는 이 책에
나오는 음식은 다 먹어봐야겠
다면서 즐거워했는데, 재미있
게도 마지막에 부록처럼 실린
'세계 여러 나라의 국기' 페이
지를 꽤 흥미로워했습니다.

『지구촌 문화 여행』

"하울아, 그러면 우리 여기서
마음에 드는 국기를 하나씩 골
라 보자. 태극기 빼고, 또 나라
이름도 신경 쓰지 말고, 그림만 봐서 마음에 드는 걸로."

하울이는 그레나다 국기와 알바니아 국기를 골랐습니다.

"제가 좋아하는 말 중에 '운명'이라는 게 있는데요. 그런데 여
기 있는 별(그레나다 국기는 사각형과 별로 이루어져 있습니다.)이 운명
이랑 어울려요. 운명 중에서도 좋은 운명요. 그리고 알바니아 국
기는 새가 평화를 상징하는 것 같아서 좋아요."

둘 다 하울이가 전에는 들어본 적도 없는 나라들이었습니다.

별이나 새가 국기에 등장한다면 하울이 말대로 좋은 뜻을 담은 상징을 담고 있겠죠. 세계 곳곳의 사람들이 열심히 의식주를 가꿔가고, 자신들만의 이상을 추구하고 있다는 것을 생각해본 것이 하울이가 이 책들을 읽은 보람이 아닐까요? 이런 경험의 시작은 하울이가 좋아하는 '음식' 이야기였습니다. 책에서 배운 지식과 아이의 일상을 연결할 때 독서는 더 풍요로워집니다.

4 지식책, 읽고 무엇을 할까?

첫째, 잘 이해하기 위해 글을 써요

　대상을 잘 이해하는 방법 중에 하나는 그것에 대해 글을 써보는 것입니다. 책을 읽은 뒤에 알게 된 내용을 글로 써보면 스스로 얼마나 알고 있는지, 어느 부분의 이해가 불명확한지 알 수 있습니다. 물론 이 과정에서 책을 다시 들춰 봐도 좋습니다. 외운 것을 시험하는 글쓰기가 아니니까요. 하지만 내용 이해가 많이 부족한 상태에서는 어떻게 써야 할지, 어디를 찾아봐야 할지도 알기 어렵겠죠. 그럴 때는 글쓰기에 욕심을 내지 말고, 다시 잘 읽어야 합니다. 책 전체 내용을 정리하려고 해도 엄두가 나지 않을 것입니다. 일부라도 확실히 이해하고 쓰는 것이 좋습니다.

예를 들어 『소리로 만나는 우리 몸 이야기』를 읽었다면 '트림, 방귀, 딸꾹질, 기침, 관절이 뚜둑 하는 소리, 코 고는 소리' 중 하나를 골라 그 소리가 나는 원리에 대해 써볼 수 있겠죠. 『이상희 선생님이 들려주는 인류 이야기』를 읽고 '인간이 두 발로 걸으면서 치르는 대가와 그에 따른 선물'에 대해 써볼 수 있겠고요. 눈으로만 읽었을 때보다 더 자세히 알게 됩니다.

책에서 '느껴지는 것'을 글로 쓸 수도 있습니다. 『옛날 사람들은 어떻게 살았을까』(조은수 글, 최영주 그림, 창비)에는 옛날 사람들의 일상이 엿보이는 우리나라 옛 그림들이 실려 있습니다. 독서교실에서는 이 책을 읽고, 그림 속 인물 중 한 사람을 골라 무슨 생각을 하고 있을지 짐작해서 써보기로 했습니다. 그림의 상황을 이해하고, 감정을 이입해야 쓸 수 있는 글이었죠. 6학년 지은이는 김홍도가 그린 「대장간」에서 낫을 가는 사람을 골라 이렇게 썼습니다.

"쪼그리고 앉아서 낫을 갈고 있으니까 너무 다리가 아프다. 옆에서 나는 소리는 엄청 시끄러워. 뜨겁기도 하고. 불똥이 여기까지 튀면 어떡하지? 전문가들이니까 조심하겠지."

역시 6학년 재혁이는 김득신이 그린 「소나무 아래서 장기 두는 스님들」에서 놀이를 구경하는 스님을 선택했습니다.

"이 판은 언제 끝날까. 다음 판엔 내가 이긴 사람이랑 해야지! 아이고 답답해라. 돌을 저기에 두면 이길 수 있는데. 나도 곧 가야 되는데, 빨리 끝내라고 말할까? 나는 한 판도 못 했는데 치사하게 둘이서만 계속하네!"

게임을 할 때 끼고 싶어 하는 마음은 그림 속 스님도 책 읽는 아이도 비슷한 것 같죠? 그런 비슷한 마음을 짐작해보게 하는 것이 이 책이 의도한 바이기도 합니다.

둘째, '어깨너머 읽기'로 관심을 넓혀줘요

아이가 지식책을 읽었을 때는 그것과 관련된 다른 책들을 소개하기에 좋은 때입니다. 이때 아이가 읽기에 좋은 연관 도서를 소개할 수도 있지만, 가끔은 어른이 보는 책을 넘겨보는 것도 의미 있는 경험이 됩니다. 어린이 독서 운동가 즈느비에브 빠뜨는 『사서 빠뜨』(재미마주)에서 "어린이 도서관에 어른들을 위한 책을 비치해두는 것도 바람직하다"면서 "오늘날과 같은 인터넷 시대에는 어린이용 주제와 어른용 주제가 따로 없다. 따라서 어린이 책과 어른책을 구분해서 배치하는 것이 시대착오적이다"라고 주장합니다.

저는 아이를 위한 충분한 책과 독서 공간은 당연히 필요하다고 생각합니다. 한편으로는 아이에게 어른들이 읽고 있는 책을 보여주는 것 역시 독서 교육이라고 믿습니다.

아이는 어른의 책을 어깨너머로 보면서 '언젠가는 저런 책도 읽어야겠다'고 그 나름의 독서 전망을 세워볼 수도 있습니다. 무엇보다 어른들 역시 모르는 것을 공부하고, 좋아하는 것을 즐기고, 새로운 것을 발견하기 위해 책을 읽는다는 사실을 아는 데 의미가 있죠.

『톡 씨앗이 터졌다』

『톡 씨앗이 터졌다』(곤도 구미코 글과 그림, 한울림)는 계절에 따른 씨앗의 여행을 담은 그림책입니다. 판형이 시원스럽고, 그림이 화려해서 저학년 아이들도 즐겁게 볼 수 있는 지식책입니다. 씨앗과 벌레들이 유머러

스하게 그려져서 딱히 식물에 관심이 없던 아이도 재미있게 볼 수 있습니다. 1학년 시우와 이 책을 읽고, 제가 보는 식물 책도 같이 보았습니다. '식물세밀화가가 식물을 보는 방법'이라는 부제를 단 『식물 산책』(이소영 글과 그림, 글항아리)이라는 책인데 근접 촬영한 꽃과 열매부터 잘 가꾸어진 정원까지, 아름다운 사진들이 실려 있습니다. 제목에서 짐작되는 대로 세밀화로 그린 식물들이 특별한 감동을 주죠.

『경국대전을 펼쳐라!』(손주현 글, 오승민 그림, 책과함께어린이)에는 조선의 법과 대한민국의 법을 비교하는 대목이 있습니다. 뇌물을 금지하기 위한 조선의 분경법과 대한민국의 부정부패방지법도 나란히 놓였죠. 부정부패방지법은 '김영란법'이라고도 불린다는 내용이 있어서, 아이들에게 『김영란의 책 읽기의 쓸모』(김영란 글, 창비)를 보여주었습니다. 마침 표지에 김영란 전 대법관의 사진이 실려 있어, 아이들이 "아, 이분이에요?" 하며 관심을 보였습니다. 실존 인물을 떠올리며 이 법이 생긴 이유와 실행 과정상의 갈등 등을 설명하니 수업도 잘 되었습니다.

『세계의 빈곤, 게을러서 가난한 게 아니야!』를 읽은 아이들에게는 『인문세계지도』(댄 스미스 글, 유유)를 보여주었습니다. 부와 불평등, 전쟁과 평화 등의 관점에서 전 세계의 정보와 통계를 그래픽으로 표현한 지도책입니다. 자세한 내용은 이해하기 어려울

지라도 직관적인 그림과 디자인 덕분에 아이도 이 책이 말하고 자 하는 바에는 다가갈 수 있습니다. 이런 책을 보는 경험 자체 가 중요하기도 하고요.

『이상희 선생님이 들려주는 인류 이야기』 수업 때는 인류의 역 사와 미래를 탐구하는 책들, 유발 하라리의 『사피엔스』, 『호모데 우스』, 『21세기를 위한 21가지 조언』(김영사)를 보여주었더니 아 이들의 눈이 커다래졌습니다.

"이거 합치면 몇 쪽이에요?"

"참고 자료 부분을 빼고 합치니까, 1,636쪽이네."

"선생님, 다 읽으셨어요?"

"그럼, 물론이지."

이번에는 입이 벌어졌습니다. 내용보다도 분량에 놀란 것이지 요. 이럴 때는 아이들이 저를 조금 다른 눈으로 보는 것도 같습 니다. 저도 모르게 어깨가 올라갑니다. 아이와 함께 책을 읽으면 어른도 성장합니다. 어른과 함께 책을 읽는 아이도 물론 그럴 것 입니다.

책을 읽고
아이와 함께 나눌 수 있는 질문들

<그림책>

표지 그림을 보면 어떤 느낌이 드니?
인상적인 장면은 무엇이니?
왜 이렇게 표현했을까?
왜 책을 크게, 작게, 길게 만들었을까?
표지에 왜 이 그림을 그렸을까?
제목을 보면 어떤 생각이 드니?
이 이야기에서 가장 마음에 남는 장면은
무엇이니?
가장 마음에 와닿거나 멋진 문장은
무엇이니?
모르는 단어가 있었다면 무엇이니?
작가의 생각에 너의 생각을 더해 봐

<동화>

언제 어디에서 일어난 일이니?
책 속에 있는 그림은 어떻니?
네가 이 책의 주인공이라면 어떻게
했겠니?
그때 주인공의 마음은 어땠을까?
이 책에서 중요한 생각은 무엇일까?
만약 네가 작가라면 어느 부분을
고치고 싶니?
가장 흥미롭게 느껴지는 부분은 어디니?
뒷이야기가 있다면 어떻게 될까?
읽고 있는 책에서 무슨 일이 일어나고
있니?
다음에는 어떻게 될까?
이 작가는 어떤 마음으로 이 책을 썼을까?

<동시>

읽고 나니 어떤 느낌이 드니?
이 시어는 무엇을 뜻할까?
멋지게 낭송할 수 있겠니?
제목은 어떻니? 너라면 어떻게 지었을까?
가장 재미있는 표현은 무엇이니?
시인을 만난다면 어떤 내용을 물어보고
싶니?

<지식책>

이 책을 쓴 작가는 누구니?
새롭게 알게 된 내용은 무엇이니?
좀 더 자세히 알고 싶은 내용은 무엇이니?
작가에게 하고 싶은 말은 무엇이니?
이 책을 함께 읽고 싶은 친구가 있니?

PART 3

글쓰기
힘을 키워주는
말하기

1 어휘를 활용하는 힘을 키워요

첫째, 어휘를 부리는 힘이란?

독서력과 어휘력은 맞물려 있습니다. 우선 독서가 어휘력을 키워주는 것은 자명한 사실입니다. 책을 읽으면 새로운 낱말을 만날 수 있고, 이미 알고 있던 낱말의 다양한 쓰임새도 알 수 있습니다. 모르는 말의 뜻은 문맥을 고려해 짐작해볼 수도 있고요. 반대로 어휘력이 독서 수준에 영향을 미치기도 합니다. 어휘 수준이 높은 아이는 어려운 책도 읽을 수 있습니다. 하지만 연령, 학년과 관계없이 어휘력이 빈약하면 단순한 내용의 책도 읽기 어렵습니다. 이건 어른도 마찬가지죠. 그러니 지적 능력을 개발하기 위해서는 어휘력을 꾸준히 단련해야 합니다.

그런데 책을 읽는 것만으로 어휘력을 기를 수 있을까요? 그것만으로는 사실 부족합니다. 어휘력은 '어휘를 마음대로 부려 쓰는 힘'입니다. 필요할 때 어려움 없이 적절한 어휘를 사용하려면 일단 아는 어휘가 많아야 하고, 그 뜻도 정확히 알아야 합니다. 그리고 실제로 쓸 수 있어야 하죠. 주머니에 든 것이 많고 그것들이 각각 어디에 쓰이는지를 알아야 필요할 때 꺼내 사용할 수 있는 법입니다. 독서만으로 해결하기에는 한계가 있습니다. '읽기'보다 적극적인 개입이 필요합니다.

둘째, 국어사전을 찾아봐요

국어사전은 어휘력을 키우는 데 꼭 필요한 도구입니다. 사전을 이용하면 낱말의 뜻을 가장 정확하게 알 수 있습니다. 예를 들어 아이가 '깍쟁이'가 무엇인지 물어본다면 어떻게 설명할까요? 저는 '계산이 빠른 사람', '손해를 안 보려고 하는 사람' 같은 말이 떠오릅니다. 그런데 계산이 빠르다고 하면 그냥 셈을 잘하는 사람 같고, 손해를 안 본다는 말도 아이에게 잘 전달되기는 어려울 것 같습니다.

국어사전의 풀이를 보면 '얄미울 만큼 약삭빠른 사람, 또는 자기 것을 지나치게 아끼고 남에게 베풀 줄 모르는 사람'(『보리 국어사전』)이라고 쓰여 있네요. 낱말의 뜻과 말맛이 정확하게 설명되죠. 사전의 풀이 방식 자체에도 배울 점이 있습니다. 간결하면서도 필요한 내용은 빼놓지 않는다는 점입니다. 이것은 좋은 설명의 예시가 됩니다. 국어사전에서 낱말을 찾아보면 동음이의어나 연관된 낱말들을 함께 공부할 수도 있습니다.

요즘은 컴퓨터나 스마트폰에서 인터넷 사전을 사용하는 경우가 훨씬 많습니다. 저 역시 '표준국어대사전'과 '우리말샘'을 즐겨찾기로 등록해두었고요. 그렇지만 수업 때는 번거롭더라도 반드시 종이책 사전을 이용해 낱말의 뜻을 찾아봅니다. 독서교실에서만이라도 인터넷 정보에 의존하기보다 책을 활용하는 경험을 하게 해주고 싶기 때문이죠. 또 종이책을 앞뒤로 넘기고 손가락으로 낱말들을 훑어 찾는 과정에서 새로운 낱말을 발견할 때도 많고요. 사전을 자주 펼칠수록 아이의 어휘 주머니가 두둑해집니다.

다만 종이책 사전은 찾는 법 익히기가 간단치 않습니다. 그래서 아이가 재미를 붙이게 하려고 낱말 빨리 찾기 게임을 하는 분도 있습니다. 그렇게 하면 자칫 찾는 행위 자체에만 정신을 빼앗겨서 뜻풀이를 소홀히 본다거나 주변 낱말들을 살피는 재미를 놓칠 수도 있습니다. 또 사전에서 '모르는 말'만 찾다 보면 결국 국어사전을 학습 참고서처럼 여기게 되기도 하죠.

아이가 사전에서 낱말을 잘 찾는 것보다 국어사전과 친해지는 게 먼저여야 합니다. 그러자면 사전이 어떤 점에서 재미가 있고, 쓸모가 있는지 알아야 하겠죠. 처음에는 첫소리, 가운뎃소리, 끝소리 차례를 칠판에 적고 그것을 보면서 천천히 찾아도 됩니다. 심지어 부모님이나 선생님이 대신 찾아줘도 됩니다. 먼저 국어사전이라는 '책'을 재미있게 여기고, 그다음에 이용 방법을 익히는 것이 좋습니다.

독서교실에서는 국어사전을 이렇게 활용합니다.

사전활용1 낱말의 뜻 짐작하기

누구나 아는 단어를 골라 사전에 어떻게 풀이되어 있을지 짐작해봅니다. 예를 들어 '나비'는 사전에 어떻게 풀이되어 있을까요? 처음 질문을 받은 아이들은 '날아다니는, 날개에 무늬가 있는 곤충', '예쁜 날개가 있는 곤충', '나방의 친척' 등 저마다 재미있는 표현을 동원해 설명합니다. 그런데 사전에 실릴 만한 설명이라기엔 부족하죠. 그럴 땐 사전의 풀이를 찾아 읽어줍니다.

나비: 꽃을 찾아다니면서 꿀을 빨아먹는 곤충. 몸은 가늘고 가
　　슴에 큰 날개가 두 쌍 있다.

'벌'은 어떻게 풀이될까요?

벌: 여러 마리가 떼 지어 살면서 꽃에서 꿀과 꽃가루를 모으는
　　곤충. 꽁무니에 독침이 있어 적을 쏜다.

여기까지 하면 아이들도 감을 잡습니다. 그럼 이번에는 낱말
의 풀이를 짐작해 문장으로 적어봅니다. 이후에 사전에서 풀이
를 찾아 그 옆에 옮겨 적는 거죠. 둘을 나란히 두고 보면 사전식
으로 정의내리는 방법을 익히는 데 도움이 됩니다. 이 과정을 통
해 개념을 명확히 정리하는 법을 익힐 수 있습니다.
　여러 종류의 사전을 구비해두고 다른 풀이를 쓸 수 있으면 더
좋습니다. 같은 단어를 풀이하는 여러 방식을 익힐 수 있기 때문
입니다. 아이의 풀이와 사전의 풀이 역시 서로 다르면서도 각각
바른 것일 수 있다는 점을 기억해주세요. 그리고 이런 연습을 할
때는 너무 어려운 단어보다는 일상적으로 쓰는 단어를 선택하는
것이 좋습니다. '만두', '불고기' 같은 음식, '노란색' 같은 색깔을
찾아봐도 재미있습니다.

㉣ 낱말 뜻 짐작해 쓰기

	내가 짐작한 뜻	사전의 뜻
바다	물이 많이 있는 곳. 넓고, 물고기가 산다.	지구에서 짠물이 있는 아주 넓은 곳. 물고기, 고래, 바닷말 들이 산다.
우정	친구끼리의 의리	동무가 서로 아끼고 위하는 마음. 또는 동무끼리 나누는 따뜻한 정.
숙제		
사전		

사전 활용 2 뜻을 듣고 단어 맞히기

사전의 풀이를 듣고 어떤 낱말을 설명하는 말인지 맞히는 게임은 독서교실 아이들이 모두 좋아합니다. 맞히면 당연히 기뻐하고, 못 맞혀도 재미있어 합니다. 풀이를 들을 때는 영 모르겠다고 하다가 답을 알고는 "아깝다! 이렇게 쉬운 걸!" 하고 안타까워하죠.

문제를 내는 아이는 아무 낱말이나 골라 풀이를 읽으면 됩니다. 맞혀야 되는 아이가 '879쪽에 있는 낱말', '치읓으로 시작하는 낱말' 하는 식으로 지정할 수도 있습니다. 문제를 내는 아이는 못 맞히게 하려고 일부러 어려운 말, 희한한 학명 등을 문제로 내기도 하는데 그럴 때는 교실이 웃음바다가 됩니다. 하지만 이때도 풀이를 여러 번 읽고 또 듣기 때문에 설명하는 방식을 배우는 데는 도움이 됩니다. "탄자니아 북동쪽에 있는 산. 아프리카에서 가장 높다." 이 풀이가 가리키는 낱말은 '킬리만자로산'입니다. 국어사전에서는 이런 상식도 얻을 수 있습니다. 무엇보다, 재미가 있습니다.

사전 활용 3 **낱말 늘어놓기**

국어사전 찾는 법을 배우는 중이라면 여러 단어를 사전식으로 배열하는 연습도 겸하는 것이 좋습니다. 이때 낱말이 적힌 카드를 이용하면 부담도 적고 재미도 있죠. 자음 순서 따지기, 같은 자음 안에서 순서 따지기 등으로 난도를 높여갑니다. 사전에 실리는 말은 아니지만 자신을 포함하여 친구들 이름을 가나다 순서로 정리하는 것도 재미있어 합니다. 저학년 아이들은 "아! 그래서 우리반 1번이 강○○이구나!" 하고 문득 깨닫기도 합니다.

⑩ 낱말 사전식으로 배열하기

1단계	대나무, 오토바이, 지각, 참나무, 나비, 바람, 하마, 부스러기, 거미
2단계	뚝배기, 대장, 뜀틀, 다람쥐, 대보름
3단계	거북이걸음, 거북, 거북이, 거북선
4단계	윤현준, 박성찬, 황다빈, 이동건, 정우찬, 안재혁, 한희진, 김예은, 권아람

셋째, 어휘를 적극적으로 사용해요

어휘는 사용해야 그 의미가 빛납니다. 아는 낱말이나 표현이 많아도 실제로 쓰지 않으면 진짜 자기 것이라고 할 수 없죠. 그런데 다양한 어휘를 쓰기로 결심한다 해도 곧바로 그렇게 되지는 않습니다. 어휘를 골라 쓰는 것은 복잡한 사고 과정이기 때문입니다. 말을 할 때는 물론이고 글을 쓸 때도 익숙한 표현을 먼저 쓰게 마련입니다.

아이들이 유행어나 비속어를 사용하는 이유 중에 하나는 편리하기 때문입니다. 익숙해서 금방 떠오르고, 상대(주로 친구)도 잘 알아듣죠. 물론 언어는 시대와 상황에 따라 변할 수 있고, 그러면서 사회의 어휘가 풍부해지는 것도 사실입니다. 그렇지만 그런 말들은 감정이나 생각을 단순하게 만들 때가 더 많습니다. 말의 품위도 떨어집니다. 비속어를 종종 사용하던 아이가 글을 쓸 때만큼은 되도록 다른 표현을 찾으려고 애쓰는 걸 보면 스스로도 그 사실을 어렴풋이 알고 있는 듯합니다.

아이가 비속어를 쓰면 바꿔 쓸 수 있는 말을 함께 찾아보세요. 머릿속의 어휘를 자주 꺼내보게 해주시고, 녹슬지 않게 관리해 주세요.

끝말잇기는 저학년 아이의 어휘력을 키우는 놀이로, 처음에는 재미있지만 계속 하다 보면 비슷한 말이 돌고 돌게 됩니다. 독서 교실에서는 끝말잇기보다 '○ 글자 낱말 대기'를 합니다. 방법은 여러 가지로 바꿀 수 있습니다.

- 한 글자 낱말 대기: 강, 방, 궁, 차, 일, 배, 손 등
- 두 글자 낱말 대기: 친구, 간식, 칫솔, 자연, 나무, 대결 등
- 세 글자 낱말 대기: 울타리, 고등어, 바가지, 세탁소, 지하철,
　　　　　　　　　　통나무 등
- (기역으로 시작되는) 두 글자 낱말 대기:
　　　　　　　　　　과자, 꼬마, 가지, 고향, 국어, 귀신, 기차,
　　　　　　　　　　굴비 등
- (기역으로 시작되는) 세 글자 낱말 대기:
　　　　　　　　　　강아지, 고사리, 굴착기, 꼭대기, 가마니,
　　　　　　　　　　갈매기 등

물론 기역뿐 아니라 다른 자음도 얼마든지 제시할 수 있습니다. 고학년 아이들은 '정해진 자음으로 시작되는 세 글자 단어 찾기'를 제일 어려워하고, 또 재미있어 합니다. 친구의 답에 "아, 그것도 있네!" 하면서 아쉬워하기도 하고요. 그것도 공부죠. 바

로 말하는 것이 어렵다면 시간을 정해놓고 쪽지에 써서 발표해도 됩니다. 많이 찾은 사람이 이기는 것도 좋지만, 독서교실에서는 친구와 겹치지 않은 낱말을 많이 생각해낸 사람이 이기는 것으로 합니다. 그러면 흔치 않은 단어를 생각해내려고 더 애쓰기 때문이죠.

이 활동을 하면 아이들이 "비읍이 제일 어려워요", "아니야, 피읖이 제일 없어. 선생님, 피읖은 이제 다 나왔어요" 하기도 합니다. 그럴 때는 국어사전을 펼쳐 같이 세 글자 단어를 찾아봅니다. 피읖에는 '파렴치, 파발마, 파상풍, 판가름, 판소리, 팔다리' 등이 있네요. '파발마'를 알려면 '파발'을 알아야 되고, 그러자면 조선 시대에 먼 곳으로 소식을 전하던 방법을 주제로 이야기하게 됩니다. '팔다리'가 붙여 써야 하는 하나의 낱말이라는 것도 배울 수 있고요.

어휘 활용2 긴 문장 만들기

『기차 할머니』(파울 마르 글, 프란츠 비트캄프 그림, 책내음)의 울리는 기차에서 만난 브뤼크너 할머니 덕분에 재미있는 여행을 합니다. 할머니는 울리에게 어렸을 때 이야기도 들려주고, 자신이 어린 시절에 즐겨 했던 간단한 놀이도 가르쳐주죠. 그중에는 '말짓기놀이'가 있는데, 한 문장 안에 같은 자음으로 시작하는 낱말이 많이 들어가게 하는 것입니다. 원래는 독일어로 쓰였겠지만, 한국어 번역도 재미있습니다. 브뤼크너 할머니가 든 예는 이렇습니다. 지읒이 주제라면, '저기 저 자갈길에 자동차와 자전거가 자기가 제일이라고 자꾸만 자랑한다'는 식입니다. 아이들과 함께 지읒을 많이 쓰는 문장을 만들어보았습니다.

"나는 안재혁, 정민아, 장한주, 조은우랑 재미있게 놀고 집에 가지 않았다."

"지금 수업 중인데 재잘재잘 떠드는 저기 저 애들, 저렇게 자꾸 장난치다 제대로 혼나지. 저렇게 될 줄 알았지."

어휘 활용3 초성 퀴즈

1학년 하울이는 『기차 할머니』의 말짓기놀이가 재미는 있지만 너무 어렵다며 다른 놀이를 제안했습니다. 상대가 제시한 첫소리를 듣고 낱말을 생각해내는 놀이죠. 규칙은 간단하지만 답을 대기가 결코 쉽지 않았습니다. 어휘력뿐 아니라 순발력도 필요하니까요. 신기하게도 더는 나올 낱말이 없을 것 같은데 언제든지 낱말은 계속 나옵니다. 이런 놀이를 할 때는 기억할 것이 있습니다. 아이가 먼저 묻지 않는 이상, 낱말의 뜻을 일일이 설명하지 않는 것입니다. 아이가 뜻을 알고 있는지 확인하는 것도 되도록 삼가는 게 좋습니다. 이 놀이는 '많이' 대는 것이 핵심입니다. 흥이 깨지면 곤란하잖아요.

ㄱ ㅊ: 기차, 고추, 가치, 구청, 갈치 등
ㄴ ㄹ: 나름, 나라, 노래, 노루, 누리 등
ㄷ ㄱ: 단군, 대게, 다과, 대가, 도굴 등
ㅈ ㅁ: 재미, 주문, 장미, 주먹, 조명 등

넷째, 관용 표현을 익히고 활용해요

속담, 고사성어, 관용어는 말하기와 글쓰기에 쓸모가 많습니다. 생활 속에서 자연스럽게 배울 수도 있지만 저는 일부러 찾아 외우기를 권합니다. 이런 것은 한번 익히면 잘 잊어버리지 않기 때문에 수고를 들일 만합니다.

오랜 세월 사람들의 입에서 입으로 전해오며 쓰이고 살아남은 속담에는 교훈과 처세술, 생활의 지혜가 담겨 있습니다. 절묘한 표현들도 재미있고요.

예를 들어 말조심하라는 뜻의 '발 없는 말이 천 리 간다'는 동음이의어 '말[言]'과 '말[馬]'을 활용한 속담이죠. '고양이 목에 방울 달기'는 어떨까요? 한 문장에 옛이야기 한 편이 전부 담겨 있습니다.

그런데 아이가 뜻을 헤아리기에 어려운 속담도 많죠. '가지 많은 나무에 바람 잘 날 없다'는 속담을 이해하려면 '가지 많은 나무'가 자식 많은 부모를 상징한다는 것도 알아야 하고, '바람 잘 날'이 '바람이 잠잠한 날'이라는 것도 알아야 합니다. '어물전 망신은 꼴뚜기가 시킨다'를 이해하려면 당연히 '어물전'이 무엇인지부터 알아야 하고요. 물론 이 과정도 결국 어휘력을 키우는 데는 도움이 됩니다.

고사성어는 옛이야기에서 나온, 한자로 된 말입니다. 한자를 외우지 않더라도 각 글자가 가진 뜻을 알면 외우는 데 도움이 됩니다. '용두사미(龍頭蛇尾)'라면 용이 용을, 두가 머리를, 사가 뱀을, 미가 꼬리를 뜻한다는 것을 알면 됩니다. 아이들은 고사성어를 의외로 재미있어 하고, 기회가 되는 대로 아는 것을 뽐내고 싶어 합니다.

'목이 빠지게 기다리다', '눈에 밟히다' 같은 관용 표현도 익히게 해주세요. 뜻을 안 다음에는 꼭 실제로 써보게 해야 합니다. 글을 쓸 때나 고칠 때 한 번씩 적절한 속담이나 고사성어, 관용 표현을 넣어보게 하는 것도 하나의 방법입니다.

256

2 문장을 만드는 힘을 길러요

문장력은 '글을 짓는 힘'입니다. 글을 '지으려면' 글감부터 잘 고르고, 어떻게 쓸지 구상도 해야 합니다. 알맞은 낱말을 써서 문법에 맞는 문장을 만들고, 적당히 단락도 구분해야 하죠. 다 쓴 뒤에 잘못된 부분을 고치는 것도 글을 짓는 사람의 몫입니다.

그런 점에서 글쓰기는 '쓰기'만 한다고 끝나는 게 아닙니다. 독특한 표현을 생각해내고 근사한 문장을 쓴다고 해서 좋은 글이 되지 않지요. 이 어려운 '글짓기'를 억지로 해야 하는 아이, 골치가 아픈 것도 당연하지 않을까요?

책을 읽는 것만으로 글을 잘 쓰게 되지는 않지만, 글을 잘 쓰기 위해서는 충분한 독서가 필요합니다. 좋은 책은 글쓰기의 모범이기도 합니다. 어떤 글이 좋은 글인지 알아야 좋은 글을 쓸 수 있습니다. 한편으로는 글을 잘 쓰는 아이가 책을 잘 읽기도 합니다. 집중력을 가지고 공들여 글을 써보면 다른 사람이 쓴 글도 대충 보고 넘길 수 없기 때문이죠. 한마디로 읽고 쓰는 일을 좋아하면 더 잘 읽고, 더 잘 쓸 수 있습니다.

첫째, 글쓰기 공책 맨 앞에
글쓰기를 좋아하는 이유를 써요

글쓰기는 어려운 일이지만 창조적인 활동이기 때문에 재미와 보람을 얻을 수 있습니다. 지금 이 글을 쓰는 저 역시도 고통과 즐거움을 동시에 느끼고 있습니다. 저는 아이가 느끼는 글쓰기의 괴로움에 공감해주는 것, 그럼에도 불구하고 글쓰기가 가치 있는 일이라는 걸 가르치는 것이 필요하다고 생각합니다.

글쓰기 공책 맨 앞장에 '내가 글쓰기를 좋아하는 이유'에 대해 쓰게 해주세요. 이렇게 제안하면 어떤 아이는 화들짝 놀라며 "저는 글쓰기를 좋아하지 않는데요?" 하고 한발 물러섭니다. 그럴 때는 '좋아하는 척하기'도 도움이 됩니다.

"지금부터 20분 동안만 최면에 걸리는 것으로 하자. 글쓰기를 엄청나게 좋아하는 사람이 되는 거야. 아니면 정말 유명한 작가가 되어보는 것도 좋아. 그래서 글쓰기를 싫어하는 사람들이 글을 쓰고 싶은 마음이 들도록, 설득하는 마음으로 쓰는 거지. 나의 글쓰기 요령을 소개하는 것도 좋겠지."

내가 글쓰기를 좋아하는 이유는 글을 쓰면 마음이 평온해지기 때문이다. 글을 쓰는 동안에는 주변이 조용한 것처럼 느껴진다. 글쓰기는 오랫동안 집중해야 하는 작업이기 때문에 마음이 진정되고 평온해진다.

그리고 글을 쓰면 좋은 점은 글을 쓰려고 아이디어를 떠올릴 때 창의력이 풍부해지는 것이다. 집중력도 좋아진다. 그리고 글이 내 생각대로 잘 써지면 뿌듯하고 기쁘고, 완성된 글로 좋은 성과를 내면 더욱 뿌듯할 것이다. 또한 글쓰기는 사람의 감성적인 부분을 바르게 발달하도록 도움을 줄 수 있다.

6학년 황다빈 씀

+ 좋은 부분에만 밑줄을 그으려고 했는데, 그어야 될 부분이 너무 많아서 곤란하네! 선생님도 생각하지 못했던 '뿌듯함'이

라는 장점! 앞으로 자주 느끼길 바란다. 선생님도 열심히 쓸게.

김소영 선생님이

나는 글쓰기를 좋아한다. 그리고 잘한다. 내가 글쓰기를 좋아하는 이유는 글을 쓸 때 연필 움직이는 소리가 좋기 때문이다. 또 글을 쓰면 생각과 마음이 정리된다. 주로 나는 내가 경험한 일에 대해 글을 많이 쓴다. 또 글쓰기는 아무리 많이 해도 엄마한테 혼나지 않는 취미 중 하나다. 글을 쓰고 나면 잘 자다 깬 것처럼 머리하고 몸이 개운하다. 글을 쓰면 생각을 많이 하게 돼서 머리가 좋아진다. 글을 쓰다 중간에 뭘 쓸지 생각이 안 나면 딴짓을 하다가 다시 쓰면 된다. 글을 쓰다 보면 갑자기 무의식에 빠진다.

5학년 최유호 씀

+ 글쓰기를 좋아하는 이유가 아주 구체적으로 설명되었네. 특히 '경험한 일'을 쓴다는 것은 좋은 이야기다. 다른 사람에게도 참고가 될 거야. 글을 집중해서 쓰다 보면 선생님도 종종 몰입감을 느끼는데, 유호도 그걸 느껴본 것 같아서 반가워!

김소영 선생님이

처음에는 난감해하거나 어색해하던 아이도 막상 이런 글을 쓰기 시작하면 어느 순간부터는 정말 글쓰기를 좋아하는 사람처럼 진지한 얼굴이 됩니다. 이 글은 글쓰기를 계속하기 위한 다짐 같은 것입니다. 글쓰기가 지겹거나 어렵다고 느껴질 때 첫 장을 다시 펼쳐보게 해주세요. 게일 카슨 레빈의 『행복한 글쓰기』(주니어 김영사)를 번역한 소설가 김연수가 「들어가기에 앞서」에 쓴 재미있는 표현을 함께 적어두는 것도 좋겠네요.

> "세상에는 오직 즐거운 글쓰기만이 있을 뿐이랍니다. 즐겁지 않은 글쓰기란 인상을 쓰면서 뛰어논다는 말과 비슷합니다. 마음껏 쓰세요. 쓰다 보면 글 쓰는 솜씨는 점점 늘어납니다."

둘째, 글감 찾는 연습을 해요

좋은 글감을 찾으면 글을 잘 쓸 가능성이 높아집니다. 좋은 글감은 쓰는 사람의 생각을 최대로 끌어냅니다. 그럴 때 글쓰기에 자신감이 생기고, 쓰는 동안 옆길로 샐 염려도 적어지죠. 문제는 좋은 글감을 찾는 일이 어렵다는 겁니다.

흔히 '무엇이든 글감이 될 수 있다'고 하지만 사실 그것은 글쓰기를 좋아하는 사람, 글을 잘 쓰는 사람에게 해당되는 얘기입니다. 글쓰기를 배우는 아이에게는 너무나도 막막한 말이죠. 그렇다고 매번 어른이 글감을 정해줄 수도 없는 노릇입니다. 그래서 어린이용 글쓰기 책 중에는 아예 주제별로 글감을 모아놓은 것도 있습니다. 참고할 수는 있지만 문제가 근본적으로 해결되지는 않습니다. 아이든 어른이든 자기가 쓸 글의 내용은 자기가 정하는 게 제일 좋기 때문이죠.

글감 찾기도 글쓰기의 중요한 부분인 만큼 연습이 필요합니다. 글감만 찾는 시간을 가져보세요. 글의 종류에 따라 적절한 글감의 조건을 생각해 글감만 적어보는 겁니다. 당장 글을 써야 한다는 부담이 없으면 의외로 글감이 많이 떠오릅니다.

예) 글감 찾기

글의 종류	내가 찾은 글감
설명하는 글	힌트: 잘 아는 것을 써요. 예) 내 방 청소하는 법, 우리 아빠의 특징, 나의 버릇
주장하는 글	힌트: 나와 직접 관련된 일을 써요. 예) 도서관 책에 낙서하지 말자, 청소 당번을 잘하자
있었던 일 (생활문, 일기)	힌트: 생생하게 쓸 수 있는 것을 써요. 예) 주말에 워터파크 간 일, 물총 싸움
시	힌트: 노래로 만들 수 있는 것을 써요. 예) 여름 풍경, 구름과 나뭇잎

자기만의 글감 수첩을 마련해 글감이 떠오를 때마다 적어두는 것도 좋은 방법입니다. 재미있는 아이디어뿐 아니라 새로 알게 된 낱말이나 표현, 인용하고 싶은 말을 적을 수도 있겠죠. 한 동화작가는 자기가 구할 수 있는 가장 예쁜 수첩을 사 늘 가지고 다니면서 틈틈이 작품 아이디어를 적는다고 합니다. 재료만 가지고 요리가 되지는 않지만 재료가 없으면 요리를 할 수 없다는 걸 잊으면 안 됩니다.

셋째, 글의 얼거리를 짜요

'무엇을' 쓸지 정했다면 '어떻게' 쓸지도 생각해야 합니다. 아이디어를 정리하지 않으면 글이 엉뚱한 길로 갑니다. '과학자가 된다면 화학 지식으로 특별한 음식을 만들겠다'는 이야기로 시작했는데, 내가 좋아하는 음식이 무엇인지 설명하다가 요리사가 되고 싶다는 이야기로 마무리하는 식입니다. 호기롭게 쓰기 시작했지만 몇 줄 되지 않아 쓸 말이 바닥나기도 합니다. 그럴 때 억지로 글을 이어가거나 서둘러 맺어버리면 스스로도 다시 읽기 싫은 글이 됩니다.

얼거리, 즉 개요를 짜면 정리된 글을 쓰는 데 도움이 됩니다.

얼거리를 뼈대 삼아 살을 붙여가면 옆길로 새거나 막다른 길을 만날 염려가 줄어들죠. 그런데 얼거리를 짜려면 글 전체를 미리 고민해야 합니다. 어렵기도 하고 귀찮기도 합니다. "얼거리를 짜고 글을 쓰면 글을 두 번 쓰는 것 같아요" 하고 하소연하는 아이도 있습니다. 얼거리를 너무 촘촘하게 짰기 때문입니다.

얼거리 짜기는 계획표 쓰기와도 같습니다. 치밀하게 준비해야 하는 토론 원고가 아닌 이상, '시작-중간-끝'을 어떻게 쓸지 큰 틀만 세운 뒤 각각에 들어갈 내용을 간단히 메모하는 정도면 충분합니다.

글을 쓰다 보면 얼거리를 짤 때보다 좋은 생각이 떠오르기도 하고, 몰랐던 문제를 발견하기도 하죠. 그럴 때 기꺼이 고칠 수 있을 만큼 얼거리를 느슨하게 짜는 것이 좋습니다. 심지어는 글을 쓰다가 다른 길로 가도 됩니다. 그래도 얼거리는 필요합니다. 계획표를 수정하는 것이 아무 계획이 없는 것보다 낫기 때문이죠.

아이가 얼거리 짜기를 어려워하면, 부모님이나 선생님이 함께 해줘도 됩니다. 실제 글쓰기가 아니므로 어느 정도 개입해서 틀을 잡아줘도 되고요. "방금 한 얘기가 재미있으니까 맨 앞에 쓸까?", "그 얘기는 여기에 안 어울리는 것 같아. 다른 글에 쓰자" "그 얘기는 끝에 쓰면 앞에 한 말이랑 맞아떨어지겠다" 이런 식으로 안내하고 얼거리는 아이가 직접 쓰는 것입니다.

다른 사람이 쓴 글을 보고 '이 글은 어떤 얼거리로 썼을까' 생각해보는 것도 큰 도움이 됩니다. 주제별로 얼거리를 여러 가지 짜보고, 그중 가장 잘 쓸 수 있는 것을 골라 한 편만 완성할 수도 있습니다.

얼거리가 언제나 '시작-중간-끝'으로 짜일 필요도 없습니다. 어떤 글은 본론만 있어도 됩니다. 갈래에 따라 시간 순서로 쓰일 수도 있고, 여러 내용을 나열할 수도 있습니다. 다양한 형식으로 계획표를 적어보세요.

넷째, 말하면서 써요

상하이의 김 전쟁

내 동생 태은이는 밥 먹기 대회 선수다. 빨리 먹기 대회가 있으면 1등을 할 것이다. 많이 먹기 대회에서도 1등을 할 것이다. 평소에는 그래도 괜찮다. 반찬이 넉넉하기 때문이다.

문제는 피자나 치킨처럼 특별한 음식을 먹을 때다. 그때는 나도 먹기 대회 선수가 된다. 나는 이길 때도 있고 질 때도 있다. 내가 다섯 살이나 많은데 질 때는 진짜 속상하다.

지난주에 중국 상하이에 갔을 때는 대회가 아니라 이번엔 전쟁이었다. 할머니가 가져오신 김 때문에 전쟁이 일어났다. 태은이는 기름진 음식도 잘 먹어서 중국 음식도 많이 먹었다. 하지만 나는 중국 음식이 입에 안 맞아서 김을 꼭 먹어야 했다. 그런데도 태은이는 김을 많이 먹었다. 김을 차지하기 위해 나는 전쟁을 해야 했다. 그런데도 태은이가 더 많이 가져가서 내가 지고 말았다. 나는 태은이가 너무 얄밉다.

4학년 임태훈 씀

이 재미있는 글은 태훈이와 제가 이야기를 나누면서 완성한 것입니다. 태훈이 가족의 일, 게다가 여행지에서 일어난 일이니 제가 대신 써주려야 써줄 수도 없죠. 다만 태훈이의 이야기를 듣고, 질문을 하고, 답을 듣고, 그것을 쓰도록 유도한 것입니다.

처음에는 '내 동생이 밥 먹는 모습'을 글로 쓰기로 했습니다. 평소에 밥 먹는 얘기를 쓰고, 얼마 전에 다녀온 여행에서 있었던 일도 쓰는 것으로 대충 얼거리를 잡고 시작했죠.

"제 동생은 밥을 진짜 빨리 먹어요. 그 얘기를 쓸래요."

"그러자. 그런데 빨리 먹기만 하는 거야?"

"빨리 먹기도 하고 많이 먹기도 해요. 그럼 내 동생은 밥을 빨리 많이 먹는다, 이렇게 할래요."

"시작부터 좋네. 그런데 그 얘기를 읽는 사람들이 '이거 좀 새로운데?' 하는 생각이 들게 하려면 어떻게 할까?"

"대회에서 1등 한다고 할까요?"

"무슨 대회?"

"빨리 많이 먹기 대회요. 아, 그걸 나눠서 쓰는 게 좋겠어요."

"그럼 평소에 밥 먹을 때 태훈이랑 경쟁하니?"

"아니요. 엄마가 반찬을 많이 주셔서 그건 괜찮아요. 근데 치킨 같은 거 먹을 때는 진짜 좀 싸워야 돼요."

"누가 이겨?"

"제가 이길 때도 있고 질 때도 있어요."

"그럼 괜찮은 거 아니야? 늘 지는 건 아니잖아."

"근데 제가 나이가 다섯 살이나 많으니까 이기는 게 더 좋죠."

이런 식으로 중국에서 있었던 일까지 이야기하면서 글을 완성했습니다. 앞부분에 '밥 먹기 대회'라는 표현이 있기 때문에 '이번에는 전쟁'이라는 표현도 자연스럽게 나왔죠. 어느 순간부터는 태훈이가 신이 나서 저와 말하는 것도 잊고 글을 완성했습니다. 제목은 글을 다 쓰고 붙였고요.

앞에서도 설명했지만, 아이가 글쓰기를 어려워할 때는 말로 해 보고 쓰는 것이 도움이 됩니다. 쓸 내용이 더 잘 생각나고, 수정의 부담이 적고, 글로 쓸 만한 내용인지 아닌지 확인할 수 있기 때문이죠. 대화하면서 쓰는 것은 어른이 불러주는 대로 받아쓰는 것과는 전혀 다릅니다. 아이가 하는 말을 듣고 더 구체적으로 말할 수 있게, 쓸 수 있게 질문하면 됩니다.

이날 태훈이는 자기가 쓴 글을 읽고 또 읽으면서 즐거워했습니다. 글쓰기는 힘들지만 즐거움이 있습니다.

다섯째, "다 썼다!"고 해도 좋을 때란?

언젠가 하림이가 긴 글을 쓰고 녹초가 된 적이 있습니다. 팔도 아팠을 테고 긴 시간 집중한 탓에 힘이 다 빠진 것입니다. 독서교실 바닥에 드러눕다시피 한 하림이 얼굴은 이상하게도 기쁨으로 가득했습니다. 그런 하림이에게 저는 조금 냉정하게 들릴 말을 했습니다.

"진짜 작가는 글을 쓴 다음에 바로 남에게 보여주지 않아. 꼭 다시 읽어보거든. 틀린 글자는 없는지, 고치고 싶은 부분은 없는지.”

자기 글을 다시 읽은 하림이는 약간 풀이 죽어서 말했습니다.

“쓸 때는 엄청 긴 것 같았는데, 지금 보니까 그렇게 길지 않네요. 틀린 데도 많고.”

그게 바로 글 쓰는 사람들이 모두 느끼는 감정이라고, 그런데도 다 썼을 때의 기쁨이 크기 때문에 자꾸 글을 쓰는 거라고 말해주었습니다. 방금 하림이가 쓴 글에도 그런 마음이 담겨 있고, 그래서 선생님은 너무나 반갑다고 격려를 쏟아붓자 하림이도 다시 웃는 얼굴이 되었습니다.

열심히 썼을 때일수록 마지막 마침표를 찍고 “다 썼다!”라고 외치는 기쁨이 큽니다. 그런데 독서교실에서는 어떤 글이든 남에게 보여주기 전에 반드시 혼자 읽어보게 합니다. 저와 대화를 나누며 완성한 글일 때도 마찬가지입니다. “다 썼다!”라는 말은 그때서야 할 수 있습니다. 다 쓴 글을 다시 읽어보는 습관이 몸에 배도록 각별히 신경 쓰는 부분입니다.

글을 쓰는 동안에는 쓰는 일 자체에 집중하기 때문에 글 전체를 보기 어렵습니다. 다 쓴 글을 다시 읽으면 틀린 글자뿐 아니라 전체 흐름이 눈에 들어오죠. 단락을 나누거나 붙일 부분이 어디인지도 알 수 있습니다. 소리 내어 읽어보면 부자연스러운 부분이 더 잘 드러납니다. 그렇게 고친 글을 다시 읽어보면 확실히 더 좋은 글이 된 것을 알 수 있습니다.

아이가 연필로 쓴 글을 컴퓨터로 타이핑해 출력하면 느낌이 또 달라집니다. 똑같은 내용인데도 더 정리되어 보여서 뿌듯하고, 글쓰기에 대한 태도도 진지해집니다. 종종 한글 프로그램 기능을 이용해 아이가 쓴 글이 몇 자인지 세고, 200자 원고지로는 몇 매가 되는지도 계산해 알려주세요. 다음에는 조금 더 긴 글을 쓰고 싶은 마음이 생깁니다.

글쓰기, 어떻게 지도해야 하나요?

독서교실에서는 '잘 읽히도록' 쓰는 것에 초점을 두어 글쓰기를 지도합니다. 어휘를 정확하게 쓰는 것, 문장을 짧게 쓰는 것, 글의 구조를 생각하는 것 등이 그것이죠. 다음은 제가 글쓰기를 지도하는 나름의 원칙입니다.

1 말한 것 / 말할 것을 쓰게 해요

글쓰기보다 말하기가 먼저입니다. 말로 한 다음, 말한 것을 쓰게 합니다. 말하기보다 글쓰기를 먼저 할 때도 '말할 것, 또는 말하고 싶은 것'을 쓰도록 독려합니다. 다 쓴 뒤에는 반드시 소리 내어 읽어보게 합니다. 읽었을 때 자연스럽게 들리는 글이 좋은 글입니다.

2 글쓰기는 진정한 이해를 위한 과정임을 기억해요

글쓰기는 자기 생각을 남에게 드러내는 것이기도 하고, 동시에 자기 생각을 확인하는 것이기도 합니다. 아이는 글을 쓰는 과정에서 배웁니다. 무엇을 알고, 무엇을 모르는지가 비로소 드러납니다. 결과물이 완벽하지 않은 것은 당연한 일이죠. 완벽한 글을 쓰는 것이 목표도 아닙니다. 아이 스스로 알아차리지 못하더라도, 쓰는 과정에서 발견한 것을 알아보고 그 점을 격려해줄 사람이 필요합니다. 부모님과 선생님의 역할이죠.

3 한 단락에서 수정은 세 군데까지만 해요

아이는 스스로 글을 고칠 수 있습니다. 지도할 때는 한 단락(4~5문장)에서 최대 세 군데까지만 고칩니다. 그보다 많이 고치면 아이가 글쓰기에 흥미를 잃기 쉽고, 고치는 이유를 기억하기도 어렵습니다. 꼭 필요한 것, 일관된 문제, 고치면 확실히 좋아질 부분을 찾아 고치게 합니다. 다만 틀린 글자는 되도록 모두 고쳐야 합니다(밑줄만 긋고 아이 스스로 맞는 글자로 고쳐 보게 합니다). 고치지 않으면 아이가 그 맞춤법이 맞는 것으로 오해할 수 있기 때문이죠.

4 '칭찬 2 : 조언 1'을 지켜요

글쓰기는 어렵습니다. 컴퓨터나 스마트폰 대신 연필로 글을 쓰는 아이에게는 더 어려운 일입니다. 글을 쓴 아이의 노력을 존중하고, 칭찬을 아끼지 말아주세요. 이전보다 좋아진 부분, 좋은 표현, 잘 고친 부분을 칭찬해주세요. 칭찬 거리가 없다면 글씨를 잘 쓴 것, 끝까지 쓴 것에 대해서도 칭찬할 수 있습니다. 조언을 하려면 먼저 그 두 배의 칭찬을 해야 합니다.

PART 4

우리 아이
유형별
독서 지도법

1 아이의 성향을 이해해요

독서에 있어서 책만큼 중요한 건 '독자'입니다. 책을 읽고 생각하고 말하고 글을 쓰는 모든 일에는 '나'라는 독자가 적극적으로 개입하죠. 어떤 책을 읽는지 만큼이나 어떤 독자가 읽는가도 상당히 중요합니다. 학년별 권장도서나 필독서에 얽매이지 않고, 각자의 읽기 수준과 취향에 맞는 책을 고르고 읽을 때 독서의 의미는 한층 커집니다.

특히 말하기 중심으로 독서 교육을 할 때는 아이의 성격과 성향을 제대로 알아야 합니다. 사람마다 말하는 방식, 책을 이해하는 방식이 제각각이니까요. 이점을 간과하면 결국 아이의 생각을 일정한 틀에 맞추는 식이 되기 쉽습니다.

저는 MBTI(The Myers-Briggs Type Indicator) 이론을 통해 어린이 개인의 특징을 이해하는데 힌트를 얻고 있습니다. MBTI는 성격 유형 검사로, 심리학자 칼 구스타프 융(Carl Gustav Jung)의 성격 이론을 바탕으로 발전해왔습니다.

이 검사는 사람마다 더 편하게 느끼고 자연스럽게 사용하는 경향이 있다고 보고, 그 경향이 각자에게 어떤 영향을 끼치는지 탐색합니다. 일상생활에서 자신과 타인을 이해하는 데 유용한 틀을 제공하고 있어 현재 널리 사용되고 있죠. 학교에서는 학생들의 진로 탐색과 생활 지도에 활용하고, 기업 등에서는 구성원을 이해하고 소통을 증진하기 위해 이 검사를 실행합니다.

태도 영역	외향(E) 또는 내향(I)
인식 영역	감각(S) 또는 직관(N)
판단 영역	사고(T) 또는 감정(F)
행동 영역	판단(J) 또는 인식(P)

이 검사는 위의 네 가지 영역에서 괄호 안의 둘 중 자신과 더 가까운 것을 하나씩 골라 결정하기 때문에 총 열여섯 가지 성격 유형이 산출됩니다(예: ESTJ / ENTJ / INFP / INTP 등). 각각의 특징이나 기질에 대한 것을 모두 설명하기는 적절치 않습니다. 내용

도 많을뿐더러 독자의 유형을 열여섯 가지로 나누는 데는 비약의 위험이 따르기 때문입니다. 그런데 '태도'와 '인식' 두 영역을 따로 살피면 아이 각자의 성격이 독서와 말하기에 어떤 영향을 끼치는지, 나아가 아이를 어떻게 돕는 것이 효과적인지 알 수 있습니다.

아이가 외향형인지 내향형인지에 따라 말하고 글을 쓰는 태도가 다르게 드러납니다. 또 감각형인지 직관형인지에 따라 정보를 받아들이는 방식이 다르게 드러나죠. 이런 지표들이 흑백으로 명확히 구분되는 것은 아니지만, 아이의 독서 성향 이해하는 데 의미 있는 기준이 됩니다. 독서는 물론이고 학습에도 상당한 참고 자료가 되고요.

지금부터는 외향형과 내향형, 감각형과 직관형 성격의 특징과 그에 따른 독서 지도의 방향을 찾아보려 합니다. 그 전에 MBTI의 지표에는 옳고 그름이 없다는 것을 짚어야겠습니다. '외향형이 더 바람직하다', '내향형이 더 좋다' 하는 문제가 아니라는 거죠. 딸기를 좋아하는 게 바람직하다거나 귤을 좋아하는 게 더 낫다고 할 수 없는 것과 마찬가지입니다. 또 MBTI는 아이의 선호, 즉 '더 편하게 느끼는 것'을 의미하는 것이지 가능성이나 능력을 뜻하는 것도 아닙니다. 감각형 어린이도 직관을 활용할 때가 있고, 직관형 어린이도 오감에 집중할 때가 있습니다.

아울러 MBTI 검사는 반드시 한국 MBTI 연구소(mbti.co.kr)의 공식 검사지를 사용해 실시해야 한다는 것을 덧붙이고 싶습니다. 온라인을 떠도는 무료 검사는 문항의 내용이나 번역이 옳지 않습니다. 또 전문가의 해석 대신 부정확한 정보로 자신을 이해하여 검사를 안 하느니만 못한 결과를 낳습니다. 간추린 질문으로 진행하는 집단검사의 경우도 마찬가지죠.

2 외향형 아이와 내향형 아이란?

　'외향형'이라고 하면 활발하고 적극적인 아이를, '내향형'이라고 하면 조용하고 소극적인 성격의 아이를 떠올리기 쉽습니다. 그런데 실제로 꼭 그런 것은 아닙니다. 외향형과 내향형의 차이는 에너지의 양이 아니라 방향에 있습니다.

　외향형 아이는 외부에 관심이 많아서 에너지를 바깥으로 쓰고, 에너지를 발산하는 동시에 충전도 합니다. 실컷 뛰어놀고 나야 책 읽고 공부할 힘도 생기는 식이죠. 내향형 아이는 내부에 집중하느라 에너지를 안으로 씁니다. 친구와 어울리는 것도 좋아하지만 혼자 있는 시간에 에너지를 충전합니다. 이처럼 에너지의 방향과 초점이 다르기 때문에 자기표현에도 차이가 생깁니다.

말하면서 생각하는 외향형 아이

외향형 아이는 친구가 많은 편입니다. 어디서든 남들과 어울리기를 좋아하기 때문에 여기저기에 아는 사람이 많습니다. 특별한 경우가 아니면 그들을 다 친구라고 여기죠. 또 외부 활동에 적극적으로 임하며 다양한 경험을 통해 이해하고 깨닫는 모습을 보입니다.

제가 만난 한 외향형 아이는 숙제를 이 방 저 방 돌아다니면서 한다고 했습니다. 지루한 숙제를 끝내기 위해 한 부분은 식탁에서, 한 부분은 방에서, 마무리는 거실에서 한다는 것이죠. "학원 버스 갈아타는 게 재미있어서 학원도 다닐 만해요"라는 아이도 있었습니다. 학원마다 친한 친구가 있는 것은 물론이지요. 보기에는 저렇게 해서 공부가 될까 싶지만, 이런 성향의 아이들에게는 그런 환경의 변화가 학습에 활력을 줍니다.

외향형 아이의 가장 큰 특징은 말하기를 좋아한다는 것입니다. 밖에서 있었던 일을 부모에게 빠짐없이 말하고 싶어 하며 기분도 그때그때 표현합니다. 독서교실에서도 외향형 아이들은 일주일 만에 만나는 선생님과 친구들에게 늘 새로운 소식을 전합니다. 누가 묻기도 전에 말이죠.

외향형 아이들은 대체로 발표할 기회를 사양하지 않습니다. 심지어 답을 모르거나 생각이 정리되지 않았는데 손부터 들 때도 있죠. 재미있는 건 그럴 때도 답을 꽤 잘 찾아 간다는 것입니다. 이 아이들은 말을 하면서 생각을 정리하기 때문입니다.

외향형 아이의 독서를 돕고자 할 때는 무엇보다 '함께' 읽는 것이 좋습니다. 아이에게 읽어주거나 아이가 어른이나 다른 친구에게 읽어주게 하는 거죠. 그런데 현실적으로 늘 그렇게 할 수는 없으니 이럴 땐 아이가 읽은 책에 대해 이야기를 나누는 정도도 도움이 됩니다. 외향형 아이는 상호작용을 중요하게 여기므로 적극적으로 대화하는 것이 좋습니다. 책이 어떤 내용을 담고 있는지, 어떤 점이 재미있거나 재미없었는지, 책 속의 그림이나 사진 중에 기억에 남는 것이 있는지 등을 물어봐 주세요.

외향형 아이들은 대화 자체에서 힘을 얻습니다. 단, 책을 잘 읽었는지를 확인하는 게 아니라 책과 책을 읽은 아이를 향한 관심을 드러내는 대화가 되도록 주의를 기울여야 하겠죠.

글을 쓰기 전에도 말할 시간을 충분히 주는 게 좋습니다. 이 아이들은 구상을 말로 하기 때문이죠. 글감을 떠올리는 것부터 어떤 내용으로 채울지 생각해보는 것 등 이야깃거리가 많습니다.

대신 이야기가 옆길로 새거나 요점이 없을 때는 부모님이나 선생님이 개입해 길을 잡아주는 것이 좋습니다. 때로는 말을 하느라 글을 쓸 시간이 부족할 때도 있지만, 외향형 아이에게는 말하기가 곧 생각하기이므로 의미는 더 크다고 할 수 있습니다.

마지막으로는 말한 내용을 짧은 문장으로라도 정리하게 해주세요. "지금 나온 이야기를 정리해서 써보자", "그 얘기를 한 문장으로 표현하려면 어떻게 써야 할까?" 하고 제안하는 거죠. 장황하게 말하는 외향형 아이에게는 짧은 글쓰기가 오히려 도움이 될 때도 있습니다. 말한 것 중 더 중요한 내용을 스스로 추려내는 연습이 되니까요.

생각한 다음에 말하고 싶어 하는 내향형 아이

내향형 아이에게 친구가 많고 적고는 별로 중요하지 않습니다. 이들은 마음이 통하는 친구와 깊이 사귀는 것을 더 좋아합니다. 반대로 한꺼번에 여러 친구와 어울려야 하는 상황에서는 부담을 느낍니다. 낯선 환경에서도 마찬가지입니다. 내향형 아이들은 충분히 관찰하고 생각한 다음에 경험하고 싶어 합니다. 공부도 혼자 하는 것을 더 좋아하는 경향이 있고요. 내향형 아이는 새로운 환경이나 사람이 많은 곳에서 공부할 때 에너지를 소모하기 때문입니다.

MBTI 상담에서 만난 한 내향형 중학생은 다니는 학원을 다 그만두고 싶다고 털어놓았습니다. 인터넷 강의로 혼자 공부하고, 한두 과목은 개인 수업을 받았으면 좋겠다는 거죠. 그런데 외향형인 아버지는 아이가 학원에서 정보도 얻고 친구들과 경쟁도 하면서 공부하기를 바라셨죠. 하지만 내향형 아이에게는 그런 활동 자체가 주의를 흩뜨리는 일입니다.

내향형 아이의 가장 큰 특징은 말하기에 앞서 생각할 시간을 필요로 한다는 것입니다. 부모님에게도 자기 의견이나 마음을 잘 드러내지 않죠. 아이가 소극적이어서가 아니라 말할 필요를 느끼지 않아서일 때가 많습니다.

직장을 다니던 한 어머니는 휴직 기간에 아이를 잘 보살피겠다는 마음에 아이가 하교하면 늘 "오늘 어땠니?", "점심 뭐 먹었어?", "누구랑 집에 왔니?" 하고 물었다고 했습니다. 말수가 적은 아이와 대화할 주제를 찾으려고 애를 쓴 거죠. 그런데 하루는 아이가 "엄마는 왜 그렇게 날마다 물어보세요? 날마다 비슷한데" 하는 바람에 당황스러웠다고 했습니다. 내향형 아이는 질문을 받으면 허투루 대답하지 않습니다. 그래서 말수가 적습니다. 어머니의 의도와 달리 이 아이에게 반복되는 대화는 큰 의미가 없고 힘만 드는 일이었던 거죠.

내향형 아이는 책을 읽을 때 집중도 잘하고 생각도 깊이 하는 편입니다. 이들에게 갑자기 질문을 던지거나 토론을 제안하면 부담스러워합니다. 내향형 아이와 책을 읽었을 때는 질문이나 토론 주제를 예고한 뒤 준비할 시간을 주는 게 좋습니다.

독서교실 수업에서는 내향형 아이에게 그날의 수업 내용을 미리 안내합니다. 특정 주제에 대해 토론할 예정이라면 "수업 끝나기 전에 주인공의 결정에 대해서 얘기해보자" 하고 예고하는 식이죠.

질문을 던졌는데 아이의 답이 늦는다고 해서 질문을 반복하는 것은 좋지 않습니다. 질문이 어려웠나 하는 걱정에 질문을 바꾸는 것 역시 삼가는 편이 좋습니다. 그럴 때 내향형 아이는 추궁당한다는 기분을 느끼기 쉽거든요. 또 앞서 받은 질문에 아직 답을 하지 않았으므로 아이 입장에서는 질문이 쌓이는 셈입니다. 부모님이나 선생님이 먼저 자신의 생각을 말하거나 다른 친구가 먼저 답하도록 하는 등 아이에게 답변을 준비할 시간을 주세요. 메모 수준으로라도 말할 내용을 미리 적어보게 하는 것도 좋은 방법입니다.

그런데 다른 아이가 먼저 답을 하고 나면, 자기 차례가 되었을 때 "저도 생각이 똑같아요" 하고 입을 다무는 아이들이 있죠. 이럴 때는 어떻게 해야 할까요? 저 역시 수업 때 난감한 적이 있었습니다. 이제는 그럴 때 "생각이 똑같아도 괜찮아. 그래도 너의 말로도 듣고 싶어. 똑같이 말해도 되니까, 한번 말해보자" 하고 꼭 직접 말하게 합니다. 그렇게 하면 아이들은 앞서 말한 친구와 조금이라도 다른 표현을 써서 말하려고 합니다. 아이디어가 비슷하거나 같아도, 언어로 구사해 표현하는 방식은 각자 조금씩 다르기 때문이죠. 발표를 하려고 자기만의 표현을 찾기도 하고요. 먼저 발표한 아이 역시 다른 친구의 발표를 들으면서 같은 생각을 표현하는 다른 방법을 배울 수 있습니다.

내향형 아이는 말보다 글을 편하게 여기기도 합니다. 의견을 말로 발표하는 것보다 글로 써서 제출하는 것을 더 반길 때도 있어요. 사실 글이 좋아서라기보다 말이 부담스러워서입니다. 내향형 아이 역시 글을 쓰기 전에 말을 하는 것이 좋습니다. 생각을 정리할 시간을 충분히 주고, 대화로 그것을 다듬은 다음 글을 써내려가게 해주세요. 내향형 아이는 집중력이 강한 편이므로 글쓰기에 몰입하면 독창적이고 성숙한 작품을 써내기도 합니다.

3 감각형 아이와 직관형 아이란?

　'감각형'과 '직관형'은 사람이나 사건, 아이디어 등 외부 정보를 모으고 받아들이는 방식에 따라 성격 유형을 구분한 것입니다. 감각형인 아이는 주로 정보의 정확성, 현실성을 따지고 직관형인 아이는 주로 새로움과 가능성을 따지는 경향이 있습니다. 감각형인 아이는 사실적인 묘사를, 직관형인 아이는 암시적인 묘사를 잘 받아들이고 즐겨 사용하죠.

　그런데 이것이 겉으로 드러나지 않는 과정이라 주변에서는 물론이고 자신도 잘 인식하지 못할 때가 많습니다. 같은 정보를 두고도 이해하는 방식이 다르기 때문에 서로 유형이 다르면 소통이 어려울 때도 있고요. 독서와 학습은 그 자체가 외부 정보를 자신의 것으로 만드는 과정입니다. 감각형과 직관형의 특징을 알면 아이에게 적합한 방식으로 도움을 줄 수 있습니다.

정확한 것을 좋아하는 감각형 아이

감각형 아이는 오감을 통해 직접 얻은 정보를 중요하게 여깁니다. 보고 듣고 만진 것을 오래, 자세하게 기억합니다. 어떤 '사실'을 쉽게 파악하는 편이죠. 감각형 아이는 자세히 관찰하고 사실적으로 묘사합니다. 비유하자면 나무를 알기 위해 나뭇잎의 모양과 잎맥을 먼저 보는 식입니다. 이들은 대상을 보고 똑같이 그리는 것을 좋아하는 경향이 있습니다. 발명 아이디어를 떠올릴 때도 실제로 작동할 수 있는지를 중요하게 여깁니다. 한 감각형 아이는 "창의력이란 아는 것을 가지고 새로 만드는 거예요"라고 말하기도 했습니다.

동화를 읽은 뒤 등장인물의 이름과 세부 내용을 잘 기억하는 쪽도 감각형 아이가 많습니다. 이들은 작가의 치밀한 묘사를 어렵지 않게 따라갑니다. 책에서 실용적인 지식을 얻었을 때 읽기에 보람을 느끼기도 하고요. 반면에 상상력을 요구하는 읽기나 그와 관련된 활동에는 주저하는 경향이 있습니다. 인물이 이 상황에서 속마음이 어땠을지 짐작해보자고 했더니 의아한 얼굴로 "저는 이미 이야기를 다 읽어서 내용을 아니까 그럴 필요가 없는데요?" 하고 되물은 아이도 있었습니다.

이들은 주장하는 글이나 설명하는 글을 쓸 때 더 자신 있어 합니다. 독서교실의 감각형 아이들은 어휘 수준과 상관없이 맞춤법을 잘 틀리지 않습니다. 책을 읽을 때 눈여겨보기도 하지만, 글을 쓰면서 헷갈리는 부분을 미리 확인해 틀리지 않으려고 합니다. 확신이 없으면 아예 그 말을 쓰지 않죠.

감각형 아이는 말하기나 글쓰기에서 '예 들기'를 좋아합니다. '첫째, 둘째, 셋째' 순서를 정해 말하고, 글을 쓸 때도 절차와 단계를 중시하는 경향이 있습니다. '코 고는 소리'를 설명하는 글을 감각형 아이는 이렇게 썼습니다.

> "누워서 잘 때는 기도가 좁아진다. 이때 좁은 틈으로 공기가 나가면서 입천장 뒤쪽에서 소리가 난다."

정확한 정보를 중시하는 이들의 말과 글에는 오해의 소지가 별로 없습니다. 대신 글의 구성이 단조로운 편이고, 내용이 나열될 때가 많습니다. 핵심이 잘 드러나지 않는 편이죠.

감각형 아이의 독서를 도우려면 사진, 음악, 영상 자료 등을 활용하는 게 좋습니다. 이들은 보고 듣는 경험에 마음을 열기 때문입니다. 나열식 글쓰기를 했다면 전체를 새로 쓰게 하는 것보다, 그중 한 부분을 골라 앞뒤로 한 문장씩을 보충하는 식으로 지도하는 것이 좋습니다. 글의 한 부분에만 부피감이 생겨도 전체적인 느낌이 달라지니까요.

감각형 아이는 세부에 집중하느라 전체를 놓칠 때가 있으므로, 읽을 때나 쓸 때 막히는 부분은 과감히 넘어가게 하고, 글의 구도를 알게 해주세요. 추상적 사고를 어려워한다면 시를 읽으며 비유를 배우는 것도 좋겠죠. 맞춤법에 너무 연연하지 말고 새로운 어휘를 써볼 수 있게 도와주세요.

색다른 것을 좋아하는 직관형 아이

직관형 아이는 직감을 이용해 정보를 수집하는 경향이 있습니다. 이때 '직감'은 뜬구름 잡기가 아니라 전체를 파악하는 데서 오는 통찰력에 가깝습니다. 나무를 보려고 할 때 자연스럽게 숲이 먼저 눈에 들어옵니다. 직관형 아이는 아이디어를 중요하게 여기고, 그것을 확장시키려 합니다. 그림을 그릴 때도 떠오르는 대로 자유롭게 그리기를 좋아하고, 발명품을 구상할 때는 제작 가능성을 따지기보다 얼마나 기발한지를 더 중요하게 여기는 편입니다. 이들은 상상을 마음껏 펼쳐낼 때 스스로 창의적이라고 느낍니다.

동화의 줄거리도 세세한 내용보다 핵심 장면 중심으로 기억합니다. 이야기의 구조를 잘 파악하는 편이죠. 비유와 상징 표현을 어렵지 않게 이해하며, 그렇게 쓰인 작품에서 깊은 감동을 받기도 합니다.

독서교실의 직관형 아이들은 '위험한 동물'이나 '세계의 미스터리'처럼 특색 있는 주제의 지식책을 좋아합니다. 그런가 하면 책의 세부 내용을 놓치거나 엉뚱하게 이해할 때도 있죠. 등장인물의 이름을 눈여겨보지 않은 바람에 중요한 대사가 누가 말한 것이었는지 기억을 잘 못 하기도 합니다.

직관형 아이에게 상상력을 자극하는 문장을 주고 이어서 써보게 하면 쉴 새 없이 연필을 움직입니다. 독서교실의 한 직관형 아이는 몇 주에 걸쳐 연작을 써 와 친구들 앞에서 발표하기도 했습니다. 이들은 맞춤법을 종종 틀리는데, 몰라서라기보다 중요하게 여기지 않기 때문입니다. 대신 새로 배운 말, 톡톡 튀는 표현을 써보는 데 더 신경을 씁니다. 자기 글을 고칠 때도 틀린 부분을 잘 찾지 못합니다. 바른 철자를 알고 있을 때도 그렇습니다.

직관형 아이는 재미있게 말하려고 자기도 모르게 노력합니다. 짧은 이야기라도 자기 식으로 구성을 해서 들려주려고 하죠. 운을 떼고 뜸을 들이거나, 이야기의 중요한 순간에 "어떻게 됐게요?" 하고 여유를 부리며 즐거워하는 것도 직관형 아이가 자주 보이는 모습입니다. 이런 점은 글을 쓸 때도 드러납니다. 독서교실의 한 직관형 아이는 '재채기의 원리'를 설명하려고 이런 글을 썼습니다.

> 먼지, 세균, 꽃가루가 코로 잠입한다. 하지만 대부분 코털에 잡히는데…… 하지만 몸을 아프게 하고 싶은 극소수의 세균들이 살아남아 돌격한다. 하지만 콧물 댐을 지나지 못하고 모두 잡힌다. 세균들은 그대로 죽을 각오를 했지만, 살균을 즐기지 않는 자비로운 재채기가 모두 밖으로 풀어준다. (다음 화에 계속)

이들의 말과 글은 실제로 재미있어서 친구들의 관심을 끕니다. 하지만 과장과 축소로 내용을 왜곡하기도 하죠. 독특하기는 한데 알맹이가 없는 글을 쓸 때도 있습니다.

직관형 아이와 책을 읽을 때는 이들이 아이디어를 요구받을 때 집중을 더 잘한다는 점을 기억해주세요. 『마틸다』는 영화와

뮤지컬로도 만들어졌어. 네가 연출가라면 왜 이 작품을 선택했을까 생각하면서 읽어 보렴" 같은 말로 안내하면 좋습니다. 지식책의 세부 사항을 기억하게 하고 싶다면 어느 부분에 집중해야 하는지 미리 안내해서 읽는 부담을 덜어주고요.

직관형 아이는 글을 쓸 때 비약을 조심해야 합니다. 마무리를 어떻게 할지 먼저 얘기해보고 글을 쓰기 시작하면 좋습니다. 말이나 글의 내용이 모호할 때는 "정말 재미있는 이야기다. 더 자세히 듣고 싶어" 하고 격려하는 것도 좋겠죠.

자기다움이
곧 힘이 돼요

외향형과 내향형 또는 감각형과 직관형으로 성격 유형을 나누는 것은 오로지 아이를 이해하고 잘 지지하기 위함입니다. 결코 아이를 바꾸려는 것이 아닙니다. 아이가 더 잘 이해할 수 있는 방식으로 설명하고, 잘하는 것을 더 잘하도록 돕기 위한 것입니다. 둘 중 더 편한 쪽이 있으면 당연히 덜 편한 쪽도 있죠. 덜 편한 것은 '극복해야 할 단점'이 아닙니다.

MBTI 검사와 상담을 진행해보면, 부모님이 자녀의 성격 유형을 잘못 짐작하고 있는 경우가 의외로 많습니다. 또 자녀의 단점이라고 생각한 부분이 부모에게 물려받은 특질일까 봐, 또는 부모가 잘 돌보지 못해서 생긴 문제일까 봐 걱정하다가 단지 서로의 성격이 다를 뿐임을 알고 안도하는 모습도 자주 봅니다. 부모와 자녀, 자매나 형제처럼 친밀한 사이라고 해도 닮은 부분은 생각만큼 많지 않습니다. 그러니 세상 곳곳 아이 각자의 개성은 얼마나 다를까요.

독서는 자신을 만들어가는 일입니다. 우리가 읽고 생각한 것, 말로 표현하고 글로 쓴 것이 우리 자신을 만듭니다. 아이가 책을 읽는 것은 어떤 기준에 도달하기 위해서도 아니고, 남들과 같아지기 위해서는 더더욱 아닙니다.

자기다움이 곧 아이에게 힘이 됩니다. 그 힘은 자신은 물론 서로를 지키며 세상을 풍요롭게 하는 건강한 힘이죠. 이 책에서 소개한 독서법이 그렇게 다른 각자를 키워가는 데 작게나마 보탬이 되면 좋겠습니다.

김소영 선생님이 소개하는
'말하기 독서'를 위한 책 목록

'어린이'와 함께 읽고 말해요!

1999년 6월 29일 데이비드 위즈너 글과 그림 | 이지유 옮김 | 미래아이

8시에 만나! 울리히 후프 글 | 요르그 뮐러 그림 | 유혜자 옮김 | 현암사

간질간질 서현 글과 그림 | 사계절

거기, 이 책을 읽는 친구! 가가쿠이 히로시 글과 그림 | 한영 옮김 | 미세기

경국대전을 펼쳐라! 손주현 글 | 오승민 그림 | 책과함께어린이

고릴라 앤서니 브라운 글과 그림 | 장은수 옮김 | 비룡소

기차 할머니 파울 마르 글 | 프란츠 비트캄프 그림 | 유혜자 옮김 | 책내음

꼬마 바이킹 비케 루네르 욘손 글 | 에베르토 칼손 그림 | 논장

나는 너랑 함께 있어서 좋을 때가 더 많아 구두룬 멥스 글 | 로트라우트 주자나 베르너 그림 | 문성원
   옮김 | 시공주니어

나는 법 김준현 글 | 차상미 그림 | 문학동네

나는 지하철입니다 김효은 글과 그림 | 문학동네

내 이름은 파리지옥 이지유 글 | 김이랑 그림 | 웅진주니어

내가 그 녀석이고 그 녀석이 나이고 야마나카 히사시 글 | 정지혜 그림 | 이경옥 옮김 | 사계절

너도 갖고 싶니? 앤서니 브라운 글과 그림 | 허은미 옮김 | 웅진주니어

누가 누구를 먹나 알렉산드라 미지엘린스카·다니엘 미지엘린스키 글과 그림 | 이지원 옮김 | 보림

단어 수집가 피터 레이놀즈 글과 그림 | 김경연 옮김 | 문학동네

달빛 마신 소녀 켈리 반힐 글 | 홍한별 옮김 | 양철북

당나귀 실베스터와 요술 조약돌 윌리엄 스타이그 글과 그림 | 김영진 옮김 | 비룡소

동그란 지구의 하루 안노 미쓰마사 외 글과 그림 | 김난주 옮김 | 아이세움

돼지책 앤서니 브라운 글과 그림 | 허은미 옮김 | 웅진주니어

두 마리 아기 곰 일라 글과 사진 | 북뱅크

라치와 사자 마레크 베로니카 글과 그림 | 이선아 옮김 | 비룡소

로봇의 별 1~3 이현 글 | 오승민 그림 | 푸른숲주니어

로테와 루이제 에리히 캐스트너 글 | 발터 트리어 그림 | 김서정 옮김 | 시공주니어

루카-루카 구두룬 멥스 글 | 미하엘 쇼버 그림 | 김경연 옮김 | 풀빛

마당을 나온 암탉 황선미 글 | 김환영 그림 | 사계절

모르는 마을 다시마 세이조 글과 그림 | 엄혜숙 옮김 | 우리교육

박씨 부인전 김종광 글 | 홍선주 그림 | 창비

밤의 초등학교에서 오카다 준 글과 그림 | 양선하 옮김 | 국민서관

베니스의 상인(셰익스피어 원작) 찰스 램·메리 램 글 | 변영미 그림 | 현기영 옮김 | 창비

벽장 속의 모험 후루따 타루히 글 | 타바따 세이이찌 그림 | 박숙경 옮김 | 창비

별을 헤아리며 로이스 로리 글 | 조혜원 그림 | 서남희 옮김 | 양철북

보리 국어사전 토박이 사전 편찬실 엮음 | 보리

북쪽 나라 여우 이야기 데지마 게이자부로 글과 그림 | 정숙경 옮김 | 보림

뺑이오, 뻥 김리리 글 | 오정택 그림 | 문학동네

뽀뽀의 힘 김유진 글 | 서영아 그림 | 창비

사라지는 동물 친구들 이자벨라 버넬 글과 그림 | 김명남 옮김 | 그림책공작소

샌지와 빵집 주인 로빈 자네스 글 | 코키 폴 그림 | 김중철 옮김 | 비룡소

생각하는 ABC 이보나 흐미엘리프스카 글과 그림 | 이지원 구성 | 논장

세계 자연유산 답사: 꼭꼭 숨어 있는 지구의 비밀 허용선 글과 사진 | 사계절

세계와 만나는 그림책 무라타 히로코 글 | 테즈카 아케미 그림 | 강인 옮김 | 사계절

세계의 빈곤, 게을러서 가난한 게 아니야! 김현주 글 | 권송이 그림 | 사계절

소리로 만나는 우리 몸 이야기 임숙영 글 | 김고은 그림 | 미래아이

속담 그림책 고미 타로 글과 그림 | 강방화 옮김 | 한림출판사

속도와 거리는 하나도 중요하지 않아 마달레나 마토소 글과 그림 | 민찬기 옮김 | 그림책공작소

수일이와 수일이 김우경 글 | 권사우 그림 | 우리교육

숲 속 재봉사의 꽃잎 드레스 최향랑 글과 그림 | 창비

아름다운 위인전 고진숙 글 | 경혜원 그림 | 한겨레아이들

어이없는 놈 김개미 글 | 오정택 그림 | 문학동네

여우 마거릿 와일드 글 | 론 브룩스 그림 | 강도은 옮김 | 파랑새

옛날 사람들은 어떻게 살았을까 조은수 글 | 최영주 그림 | 창비

오월의 달리기 김해원 글 | 홍정선 그림 | 푸른숲주니어

오이대왕 크리스티네 뇌스틀링거 글 | 유타 바우어 그림 | 유혜자 옮김 | 사계절

옹고집전 박철 글 | 조혜란 그림 | 창비

위를 봐요! 정진호 글과 그림 | 은나팔

위풍당당 질리 홉킨스 캐서린 패터슨 글 | 이다희 옮김 | 비룡소

이 작은 책을 펼쳐 봐 제시 클라우스 마이어 글 | 이수지 그림 | 이상희 옮김 | 비룡소

이상한 나라의 앨리스 루이스 캐럴 글 | 존 테니얼 그림 | 손영미 옮김 | 시공주니어

이상희 선생님이 들려주는 인류 이야기 이상희 글 | 이해정 그림 | 우리학교

이웃집 공룡 볼리바르 숀 루빈 글과 그림 | 황세림 옮김 | 스콜라

이희수 교수님과 함께하는 어린이 이슬람 바로 알기 이희수 글 | 청솔

장수 만세! 이현 글 | 변영미 그림 | 창비

전우치전 김남일 글 | 윤보원 그림 | 창비

정신 없는 도깨비 서정오 글 | 홍영우 그림 | 보리

조지 아저씨네 정원 게르다 마리 샤이들 글 | 베너뎃 와츠 그림 | 강무홍 옮김 | 시공주니어

쥐 둔갑 타령 박윤규 글 | 이광익 그림 | 시공주니어

지구 행성 보고서 유승희 글 | 윤봉선 그림 | 뜨인돌어린이

지구촌 문화 여행 알렉산드라 미지엘린스키·다니엘 미지엘린스키 글과 그림 | 이지원 옮김 | 그린북

책 먹는 여우와 이야기 도둑 프란치스카 비어만 글과 그림 | 송순섭 옮김 | 주니어김영사

책을 어떻게 읽을까? 케이트 메스너 글과 그림 | 윤정숙 옮김 | 봄의 정원

최악의 짝꿍 하나가타 미쓰루 글 | 정문주 그림 | 고향옥 옮김 | 주니어김영사

축구부에 들고 싶다 성명진 글 | 홍정선 그림 | 창비

태양을 그리다 브루노 무나리 글과 그림 | 유성자 옮김 | 두성북스

터널 앤서니 브라운 글과 그림 | 장미란 옮김 | 논장

톡 씨앗이 터졌다 곤도 구미코 글과 그림 | 햇살과나무꾼 옮김 | 한울림

파도야 놀자 이수지 글과 그림 | 비룡소

펭귄 365 장-뤽 프로망탈 글 | 조엘 졸리베 그림 | 홍경기 옮김 | 보림

플루토 비밀 결사대 1~5 한정기 글 | 유기훈 그림 | 비룡소

행복한 글쓰기 게일 카슨 레빈 글 | 백지원 그림 | 김연수 옮김 | 주니어김영사

홀라홀라 추추추 카슨 엘리스 글과 그림 | 김지은 옮김 | 웅진주니어

흥보전 정종목 글 | 김호민 그림 | 창비

'어른'도 읽고 말해요!

21세기를 위한 21가지 제언 유발 하라리 글 | 전병근 옮김 | 김영사

김영란의 책 읽기의 쓸모 김영란 글 | 창비

사서 빠뜨 즈느비에브 빠뜨 글 | 최내경 옮김 | 재미마주

사피엔스 유발 하라리 글 | 조현욱 옮김 | 김영사

식물 산책 이소영 글과 그림 | 글항아리

어린이문학의 즐거움 페리 노들먼 글 | 김서정 옮김 | 시공주니어

인문세계지도 댄 스미스 글 | 이재만 옮김 | 유유

일본의 아이디어 발상 교육 권혜숙 외 글 | 대교출판

정리하는 뇌 대니얼 J. 레비틴 글 | 김성훈 옮김 | 와이즈베리

호모데우스 유발 하라리 글 | 김명주 옮김 | 김영사

마음과 생각을 함께 키우는 독서 교육

말하기 독서법

초판 1쇄 발행 2019년 9월 18일
초판 7쇄 발행 2021년 12월 28일

지은이 김소영
펴낸이 김선식

경영총괄 김은영
기획 이여홍 **편집** 김민정 **책임마케터** 오서영
콘텐츠사업7팀장 이여홍 **콘텐츠사업7팀** 김단비, 권예경
마케팅본부장 권장규 **마케팅1팀** 최혜령, 오서영
미디어홍보본부장 정명찬 **홍보팀** 안지혜, 김민정, 이소영, 김은지, 박재연, 오수미
뉴미디어팀 허지호, 박지수, 임유나, 송희진, 홍수경 **리드카펫팀** 김선욱, 염아라, 김혜원, 이수인, 석찬미, 백지은
저작권팀 한승빈, 김재원 **편집관리팀** 조세현, 백설희
경영관리본부 하미선, 박상민, 윤이경, 김재경, 이소희, 최완규, 이우철, 이지우, 김혜진
외부스태프 표지 이인희 **본문** 박재원

펴낸곳 다산북스 **출판등록** 2005년 12월 23일 제313-2005-00277호
주소 경기도 파주시 회동길 490
전화 02-702-1724
팩스 02-703-2219 **이메일** dasanbooks@dasanbooks.com
홈페이지 www.dasanbooks.com **블로그** blog.naver.com/dasan_books
종이 한솔피엔에스 **출력·인쇄** 민언프린텍

ISBN 979-11-306-2585-0 (03370)

다산북스(DASANBOOKS)는 독자 여러분의 책에 관한 아이디어와 원고 투고를 기쁜 마음으로 기다리고 있습니다.
책 출간을 원하는 아이디어가 있으신 분은 다산콘텐츠그룹 홈페이지 '원고투고'란으로 간단한 개요와 취지, 연락처 등을
보내주세요. 머뭇거리지 말고 문을 두드리세요.